JOSÉ MIGUEL WISNIK

a Gaia ciência

LITERATURA e MÚSICA POPULAR NO BRASIL

CADERNOS ULTRAMARES

ORGANIZAÇÃO E PROJETO GRÁFICO

Marcos Lacerda, Ana Paula Simonaci e Sergio Cohn

CONSELHO EDITORIAL

André Botelho

Bernardo Esteves

Boaventura de Souza Santos

Evelyn Goyannes Dill Orrico

Fréderic Vanderberghe

José Luis Garcia

Maria João Cantinho

Renato Rezende

Teresa Arijón

Vagner Amaro

ISBN 9786586962437

azougue press |
coordenação geral Sergio Cohn
coordenação editorial
Sergio Cohn — Darien Lamen — Cristián Jiménez Plaza
Brasil | CNPJ 12.272.339/0001-26
Portugal | Oca Editorial NF 515805394
USA | E. Id. 803650511
Chile | Tucán Ediciones RUT 77.369.106-1

A proposta dos Cadernos Ultramares é transpor fronteiras. Não apenas geográficas, com a edição de um amplo panorama do pensamento brasileiro para o público português, mas também entre as áreas do saber, criando uma coleção transdisciplinar, acessível não apenas para leitores especializado, pesquisadores e acadêmicos, como para interessados em geral.

Para isto, os Cadernos Ultramares privilegiam a leveza do ensaio, a "brigada ligeira", utilizando-se de um gênero marcado pela abertura e experimentação, uma forma privilegiada para a proposição e a apresentação de interpretações da cultura e da sociedade. Nos últimos anos, o gênero ensaio tem sido revalorizado como um importante meio de diálogo entre a pesquisa acadêmica e a sociedade.

O Brasil possui uma produção riquíssima de pensamento em diversas áreas, que vão da física à antropologia, da matemática às artes. Os Cadernos Ultramares, ao trazerem importantes textos de alguns dos nossos mais renomados pensadores, sejam clássicos ou contemporâneos, busca possibilitar ao leitor um olhar amplo e qualificado sobre essa produção.

Interessa-nos a constituição de um diálogo entre áreas, de uma conversa aberta que escape das armadilhas do pensamento especializado e do produtivismo acadêmico. Interessa, antes de tudo, a valorização do encontro do leitor com o sabor do texto, do prazer da leitura e da troca livre de pensamento.

apresentação
POR MARCOS LACERDA

O pensamento de José Miguel Wisnik (1948) é, a um só tempo, um dos mais originais e rigorosos já construídos no Brasil. Nascido em São Vicente, litoral sul do Estado de São Paulo, formado em letras na USP, a Universidade de São Paulo, professor renomado de literatura brasileira também pela USP, compositor de canções e teórico das artes, do pensamento filosófico e do pensamento social brasileiro. A forma como o seu pensamento vem sendo expresso atravessa linguagens artísticas, registros de discursos diferenciados, como o artigo acadêmico, o livro de ensaios, os seminários e palestras, as composições de canções, o canto. A amplitude das formas não significa, em nenhum aspecto, dispersão de ideias e sentidos, pelo contrário, reafirmam, de forma sistemática e bela, o rigor e o senso de invenção.

Entre os seus livros publicados, podemos destacar *O coro dos contrários: a música em torno da semana de*

22 (1977), aonde se delineia a problemática da música na Semana de Arte de Moderna de 22, o acontecimento decisivo para o processo de modernização das artes no Brasil; *O nacional e o popular na cultura brasileira* (1982), com Ênio Squeff, no qual o tema da música agora se insere no segundo momento modernista: a partir da década de 1930, com o advento do Estado Novo de Getúlio Vargas e as políticas de nacionalização da cultura de cunho oficial e pedagógico. Em 1989, publica um tratado sobre a música: *O som e o sentido: uma outra história das músicas*, em que pensa a música do mundo numa perspectiva crítica e histórica que vai dos estudos sobre a física da onda sonora, passa por uma antropologia do ruído, se subdivide em modal, tonal e atonal, e atravessa tempos e espaços, com a música árabe, indiana, africana, europeia, americana, para, ao final, desaguar na canção popular do mundo e do Brasil. O livro se insere na linhagem cosmopolita de análise crítica da música, com apuro técnico, já que feita por um músico, e também com amplo e denso conhecimento histórico, filosófico, antropológico e analítico-formal. Em certa medida, a nosso ver, este livro sintetiza muito do papel e da presença intelectual de José Miguel Wisnik no panorama do pensamento e das ideias. Seria interessante, para quem quer sabê-lo, lê-lo como a obra que consolida o seu pensamento e o situa no centro da vanguarda das ideias, com outros autores e autoras contemporâneos.

Se *O coro dos contrários* e *O nacional e o popular* instauram uma forma de pensamento que insere a problemática da música nas discussões sobre o modernismo brasileiro, "Machado Maxixe", o longo ensaio publicado originalmente na revista *Teresa* (2003), insere a problemática da música no âmbito do pensamento social brasileiro. A discussão se dá, assim, em um nível mais alargado em torno de um tema crucial do pensamento brasileiro mais cosmopolita: a singularidade da forma como o capitalismo, no âmbito das ideias e formas artísticas, e no âmbito mais propriamente sociológico, engendrou formas sociais e estéticas específicas que revelam e ocultam dimensões estruturais da sociedade brasileira e do próprio capitalismo internacional.

O personagem central do ensaio é o mulato Machado Assis, autor analisado no clássico *Um mestre na periferia do Capitalismo*, de Roberto Schwarz, que, como o sabemos, levou a crítica do marxismo cultural mundial a um outro patamar e, por extensão, a própria crítica literária e sociológica das formas artísticas e das formas sociais no Brasil. O ensaio de Wisnik gira em torno do conto "Um homem célebre", cujo personagem principal, Pestana, é um músico popular por compor polcas, mas que sonha em ser um músico erudito "sério" e compor peças consideradas mais respeitáveis. No entanto, a despeito da sua capacidade técnica e conhecimento musical, existe algo que o impede de criar sonatas e o impele sempre para a composição das polcas. Nele, ou melhor, nesta tensão e impasse, estão presentes o esboço da problemática social da emersão do mercado como instância mediadora da indústria cultural; a relação entre alta e baixa cultura, entre cultura letrada e cultura popular, escravidão e liberalismo político, criação artística e estrutura social, música erudita e variações entre a música erudita e popular, a polca amaxixada e, sobretudo, a ambivalência trágica da constituição da sociedade brasileira. Tudo valendo por um desvelamento das sutilezas que envolvem a relação entre formas artísticas e estrutura social no Brasil, as ideias fora do lugar, mas também o lugar fora das ideias.

"Machado maxixe" foi inserido posteriormente no livro *Sem receita: ensaios e canções* (2004). Neste livro estão incluídas alguns dos seus principais ensaios, sobre literatura ("O famigerado", "Machado Maxixe", "Macunaíma", "Budapeste"), canção popular ("A Gaia Ciência: Literatura e música popular no Brasil", "O artista e o tempo", "O minuto e o milênio", "Algumas questões sobre música e política", "Cajuína Transcendental", "O dom da ilusão", "Global e mundial", "Te manduco-não-manduca: a música popular em São Paulo"), além de ensaios com temas variados, uma reunião com o conjunto das letras das suas canções e uma longa entrevista no final, com Luiz Tatit, Arthur Nestróvski e João Camilo Penna. Por fim, seu último livro publicado, *Veneno Remédio* (2008), condensa as suas principais ideias já desenvolvidas nos livros mencionados através do futebol como tema. No futebol se enlaça alguns dos principais temas da reflexão e das formas de interpretação do Brasil, com seu trôpego, cambaleante e potencialmente iluminador modo de inserção no mundo.

Como dissemos acima, além de autor de livros, Wisnik é compositor de canções, palestrante muito conhecido, e autor de trilhas sonoras para o grupo O Corpo, com artistas consagrados da canção brasileira, como Tom Zé (*Parabelo*, 1997) e Caetano Veloso (*Oncotô*, 2005). Como compositor e cantor lançou os álbuns *Wisnik* (1992), *São Paulo/Rio* (2000), *Pérolas aos poucos* (2003) e *Indivisível* (2011). Como palestrante, são conhecidas as suas conferências sobre autores como Mário de Andrade, Clarice Lispector, Guimarães Rosa, Dorival Caymmi, Chopin e sobre temas mais gerais, como a relação entre psicanálise e canção popular, a poesia como forma de pensamento, o problema do pós-humanismo e, claro, temas associados diretamente aos seus ensaios e livros. É preciso ressaltar, também, a importância dos seus ensaios para os ciclos de palestras e ensaios organizados por Adauto Novaes desde a década de 1980, com temas variados, reunindo o melhor da produção intelectual no Brasil. Em cada um deles, Wisnik participou apresentando palestras e publicando ensaios que se situam entre a crítica literária, a psicanálise, a filosofia e a teoria da arte, tais como "A paixão dionisíaca em Tristão e Isolda" (1987), "Iluminações profanas (poetas, profetas, drogados)"(1988) "Ilusões perdidas" (1992) e "Drummond e o mundo" (2005).

No caso dos dois ensaios aqui selecionados para os Cadernos Ultramares, o pensamento de Wisnik está bem condensado e salta à vista na sua luminosidade inventiva. O primeiro, "A Gaia Ciência: literatura e música popular no Brasil" apresenta uma tese sobre a singularidade da canção popular brasileira, a associando a ciclos culturais mais amplos, como a filosofia trágica grega e a poesia provençal dos século XII e XIII. Do mesmo modo que estes ciclos culturais representaram uma realização da Gaia Ciência, a filosofia como pensamento "alegre", no sentido de Nietzsche, como pensamento que se realiza em suportes leves, sem as mediações mais duras e sisudas, e que atravessa regiões de discurso e formas artísticas, seja a literatura, artes plásticas, música, filosofia ou qualquer outro modo de pensamento social. Alguns dos nossos principais artistas da canção são também escritores de romances de ponta (Chico Buarque), ensaios críticos relevantes (Caetano Veloso) e poesia de alto nível (Vinicius de Moraes), reconhecidos pelas instâncias da crítica. Neste sentido, a canção popular brasileira seria uma das formas históricas de realização da Gaia Ciência, ou, no dizer do autor, um saber poético-musical constituído através de uma densa educação sentimental difusa, com criação vigorosa e singularidade, tanto como linguagem artística quanto como forma de pensamento, em sua singular leveza profunda.

O segundo ensaio, "Bola ao alto: Interpretações do Brasil", finaliza o livro *Veneno Remédio: O Brasil e o Futebol* e apresenta uma densa reflexão a respeito da forma complexa como se constituiu a sociedade brasileira, e nas suas mais interessantes formas de interpretação crítica, a problemática da tensão entre uma perspectiva que vê algum dado positivo emergindo quase que como de forma astuta, especialmente no âmbito da cultura e das formas artísticas, do processo de constituição da sociedade brasileira, e uma outra, que considera esta suposta originalidade como uma espécie de compensação ilusória e, no limite, perversa, diante do quadro real de dependência estrutural e modernização conservadora, com divisão crudelíssima de classe e deterioração das relações sociais na mesma sociedade brasileira.

O ensaio trata do problema do impasse, até aqui insolúvel, entre a condição da vida social, econômica e política degradada, profundamente desigual e injusta, e a exuberância da criação cultural e artística, gerando autores e obras de ponta na literatura, com Machado de Assis, Oswald de Andrade, Guimarães Rosa, Mário de Andrade, Clarice Lispector e Carlos Drummond de Andrade, e soluções estéticas e poéticas originais na música popular, com a canção da época de ouro, período que recobre as obras de Noel Rosa, Dorival Caymmi, Ary Barroso, Nelson Cavaquinho, Cartola, Geraldo Pereira, Wilson Batista, entre outros; da Bossa Nova, com Tom Jobim, João Gilberto e Vinicius de Moraes; e muito outros, como já na década de 1960, Chico Buarque e Caetano Veloso. E, no futebol, esporte mundial cada vez mais globalizado, jogadores de ponta que dominam a técnica e dão o tom na invenção, com especial atenção para Pelé, reconhecidamente o "atleta do século", e os jogadores que vieram a se transformar em melhores do mundo durante a década de 1990, casos de Romário, Rivaldo, Ronaldo e Ronaldinho Gaúcho.

Em certa medida, o giro em falso do país que não

dá o próximo passo, que não se realiza propriamente, cujos disparates, as ideias fora do lugar, são a expressão dessa impossibilidade, e delimitam o seu lugar no mundo, ou melhor, no sistema capitalista global, geraram, de forma enigmática e complexa, realizações potentes e originais na cultura, nas formas de sociabilidade e nas formas artística, não por conta da tragédia social, econômica e histórica, mas, diríamos, apesar da modernização conservadora e violenta, apesar da truculência política e policial, apesar da monstruosa e permanente "máquina de moer gente" do modo de produção capitalista.

Os disparates que giram em falso, as ambivalências entre a ordem e a desordem, a dialética da malandragem, são expressões da forma de dependência estrutural da sociedade brasileira em relação ao sistema capitalista global, mas são, ao mesmo tempo, relativamente autônomas em relação a este mesmo sistema, revelando a dependência e ao mesmo tempo apresentando possibilidades de superação dessa mesma dependência através da realização artística profunda. A literatura de Machado de Assis, a canção de João Gilberto e o futebol de Pelé são algumas das maiores formas de realização dessa trama complexa. As ideias fora do lugar assim, inesperadamente, apresentam também um lugar fora das ideias.

a Gaia ciência

LITERATURA E MÚSICA POPULAR NO BRASIL

Dizer que música popular brasileira é forte e bela é mais verdade do que novidade, mas pouco ajuda, dentro ou fora do Brasil, a entender aquilo que a distingue. Aparentemente, um dos seus traços mais notáveis é a permeabilidade que nela se estabeleceu a partir da bossa nova entre a chamada cultura alta e as produções populares, formando um campo de cruzamentos muito dificilmente inteligível à luz da distinção usual entre música de entretenimento e música informativa e criativa. Na canção popular brasileira das últimas três décadas encontram-se bases portuguesas e africanas com elementos do jazz e da música de concerto, do rock, da música pop internacional, da vanguarda experimental, travando por vezes um diálogo intenso com a cultura literária, plástica, cinematográfica e teatral. Uma tal mistura da proveniência artística e técnica, de níveis de informação, poderia facilmente dar lugar ao ecletismo ou à pura confusão.

Poderia ser confundida, ainda, com a tendência ao pastiche ou à generalização do caráter mercadológico de toda matéria sonora, que sobreveio às liberações de década de 1960. No entanto, é possível sustentar que vieram se forjando dentro dessa tradição critérios que a tornaram capaz de trabalhar com a simultaneidade e a diferença de um modo inerente à enunciação da poesia cantada, com delicado e obstinado rigor, mesmo sob o efeito consideravelmente homogeneizador ou pulverizador das pressões do mercado. Está implícito ou explícito em certas linhas da canção um modo de sinalizar a cultura do país, que, além de ser uma forma de expressão vem a ser também, como veremos, um modo de pensar — ou, se quisermos, uma das formas da *riflessione brasiliana.*

Assumindo para o tratamento dessa questão o ângulo das relações entre literatura e música popular, é preciso assinalar, antes de mais nada, alguns fatos. A partir do momento em que Vinicius de Moraes, poeta lírico reconhecido desde a década de 1930, migrou do livro para a canção, no final dos anos 1950 e início dos 1960, a fronteira entre poesia escrita e poesia cantada foi devassada por gerações de compositores e letristas leitores dos grandes poetas modernos, como Carlos Drummond de Andrade, João Cabral, Manuel Bandeira, Mário de Andrade ou Cecília Meireles. O paradigma estético resultante dessa migração, nas parcerias de Vinicius com Tom Jobim, poderia nos remeter, se quiséssemos, à época áurea da canção francesa, ou ao acabamento e à elegância das canções de George e Ira Gershwin. Nas de Tom Jobim com Newton Mendonça, ao sentido irônico, paródico ou metalinguístico das canções de Cole Porter. Para um país cuja cultura e cuja vida social se defrontavam a cada passo com as marcas e os estigmas do subdesenvolvimento, a bossa nova representou, pode-se dizer, um momento de utopia da modernização conduzida por intelectuais progressistas e criativos, que se estampava, à mesma época, na construção de Brasília, e que encontrava correspondência popular no futebol da geração de Pelé. Como as demais manifestações citadas, e suas contemporâneas, ressoam nas suas harmonias e na sua batida rítmica os sinais de um país capaz de produzir símbolos de validade internacional ao mesmo tempo particulares e não pitorescos ou "folclóricos".

Em seus desdobramentos, a bossa nova deu elementos musicais e poéticos para a fermentação política e cultural dos anos 1960, em que a democracia e a ditadura militar, a modernização e o atraso, o desenvolvimentismo e a miséria, as bases arcaicas da cultura colonizada e o processo de industrialização, a cultura de massas internacional e as "raízes" nativas não podiam ser compreendidas simplesmente como oposições dualistas, mas como integrantes de uma lógica paradoxal ou complexamente contraditória, que nos distinguia e ao mesmo tempo nos incluía no mundo. A compreensão e a agressiva formulação desse estado de coisas encontram-se no movimento da Tropicália, de 1967-1968, que tem seus principais representantes em Caetano Veloso e Gilberto Gil. A alegoria barroca do Brasil (que se realiza propriamente nos filmes de Glauber Rocha), a carnavalização paródica dos gêneros musicais, que se traduz numa densa trama de citações e deslocamento de registros sonoros e poéticos, põem em cena ao mesmo tempo o samba de roda, o cantador nordestino, o bolero urbano, os Beatles e Jimi Hendrix. Esses procedimentos, operando no âmbito da canção de massa, têm afinidade explícita com a estratégia "antropofágica" concebida e praticada por Oswald de Andrade, poeta modernista revalorizado na altura de 1967 pelo Teatro Oficina com a encenação de *O rei da vela*. O movimento tropicalista dialogou, ao mesmo tempo que com Oswald de Andrade, e por afinidade com este, com a poesia concreta.

Torquato Neto, que participou do Tropicalismo como letrista, produziu uma poesia que circula entre a canção e o livro, o que acontecerá também com uma série de poetas surgidos nos anos 1970, como Wally Salomão, Paulo Leminski, Antonio Carlos de Brito [Cacaso], Alice Ruiz, Antonio Risério, sem falar em Jorge Mautner, que combinava efervescência filosófica e literária com canção popular havia mais tempo, ou Antonio Cícero, poeta, letrista, filósofo. Haroldo de Campos teve seu "Circuladô de fulô", e Augusto de Campos seu "Pulsar" musicados por Caetano Veloso (Augusto [faria] um cd com oralizações e musicalizações de poemas; textos de Haroldo e do próprio Augusto foram musicados ainda por Péricles Cavalcante). Arnaldo Antunes faz uma ponte entre a poesia concreta e o rock, desenvolvendo a partir daí uma poética muito pessoal que trabalha simultaneamente com poesia-livro, vídeo e música.

Se pensarmos também no fato de que a obra de Caetano Veloso dá a esse processo a sua visibilidade máxima, no fato de Chico Buarque ter escrito um importante romance, *Estorvo*, e Júlio Bressane ter feito um filme, *Tabu*, sobre o encontro imaginário e prototípico de Oswald de Andrade com Lamartine Babo (autor de marchinhas de carnaval paródicas na década de 1940), podemos postular que se constitui no Brasil, efetivamente, uma nova forma da "gaia ciência", isto é, um saber poético musical que implica uma refinada educação sentimental (como aquele assim designado pelos trovadores de Toulouse no século XVI, lembrando a grande tradição provençal do século XII), mas, também, uma "segunda e mais perigosa inocência na alegria, ao mesmo tempo mais ingênua e cem vezes mais refinada do que ela pudesse ter sido jamais" (a frase é de Nietzsche na abertura de *A gaia ciência*. De fato, a agudeza intelectual (muitas vezes afinada com as próprias bases barrocas da formação colonial) e a "inocência na alegria" (espraiada na cultura extensiva do carnaval) saem potencializadas pelo seu rebatimento, nesta linhagem da canção popular brasileira. Noutras palavras, o fato de que o pensamento mais "elaborado", com seu lastro literário, possa ganhar vida nova nas mais elementares formas musicais e poéticas, e que essas, por sua vez, não sejam mais pobres por serem "elementares", tornou-se a matéria de uma experiência de profundas consequências na vida cultural brasileira das últimas décadas.

Graças a ela, Gilberto Gil pode fazer uma canção como "Metáfora", na qual reflete diretamente sobre a natureza da linguagem poética com precisão e leveza raras, e Jorge Benjor pode exercer a ciência concreta de suas bricolagens em mosaicos rítmico-verbais que resultam, também eles, em inusitados efeitos de consciência metapoética. Os jogos de humor de Rita Lee, as aproximações de Aldir Blanc ao brilhantismo mórbido do poeta pré-modernista Augusto dos Anjos, os achados concisos e cortantes de Itamar Assumpção, próximos dos de Leminski, as bricolagens (também) de Carlinhos Brown, os longos cordéis urbanos no rock de Renato Russo, os lirismos muito pessoais de Djavan e Luís Melodia, sem falar na maestria absoluta de Chico Buarque, são outros exemplos desse campo povoado de situações estimulantes do ponto de vista poético-musical.

Num livro especialmente sensível às particularidades que fazem a originalidade da *musica popolare brasiliana*, o musicólogo italiano Paolo Scarnecchia observa com pertinência que a canção no Brasil é um campo dialogal em que os compositores, à maneira dos desafios improvisatórios dos repentistas nordestinos, travam entre si, enquanto "poetas urbanos", um grande "desafio" ralentado, diferindo "sob planos diversos e menos imediatos" um "constante e contínuo diálogo entre si e com o público, estimulado e às vezes espicaçado pelos acontecimentos sociais e políticos que se exprimem nas contradições de seu país".[1] Esse "trabalho coletivo", em que a canção participa de um jogo sistemático e dinâmico de efeitos de diferença e confluência, é, segundo Scarnecchia, "o traço

1 Scarnecchia Paolo. *Musica popolare brasiliana*. Milão: Gammalibri, 1983.

essencial e mais evidente da cena musical brasileira".[2] Scarnecchia observa ainda que a música popular brasileira "concilia extremos que nos países europeus são inaproximáveis, sanando um dissídio histórico que é aquele entre música erudita, como se diz ainda no Brasil, e música popular".[3] Se esta é frequentemente banal, diz Scarnecchia, no Brasil, "é original, sendo o fruto de talentos semieruditos ou mesmo eruditos que trabalham com o reservatório da tradição folclórica".[4]

Recentemente, um outro musicólogo italiano, radicado no Brasil, Lorenzo Mammì, deu também a sua contribuição valiosa para o entendimento da canção brasileira no ensaio "João Gilberto e o projeto utópico da bossa nova".[5] Mammì observa que o jazz, "cuja intuição fundamental é de natureza técnica", privilegia o acorde, estando as suas linhas melódicas, "compactas, claramente seccionadas e organizadas em volta de centros tonais definidos", ancoradas a um núcleo harmônico funcionalmente voltado para a improvisação instrumental.[6] Já as melodias da bossa nova, como as de Tom Jobim, "compridas, complexas e livres",

2 Ibidem, p.
3 Ibidem, p.
4 Ibidem, p.
5 Mammì, Lorenzo. João Gilberto e o projeto utópico da bossa nova. *Novos Estudos (Cebrap)*, n. 34, p. 63-70, nov. 1992.
6 Ibidem, p. 64-65.

constituem-se elas mesmas no motivo fundamental da composição, podendo ser matizadas "por infinitas nuances harmônicas" sem se deixarem reduzir ao papel de ornamento da sequência harmônica.[7] Em outras palavras, "não podem ser esquematizadas sem perder o caráter", e não são feitas como módulos para improvisação: improvisar jazzisticamente sobre elas é cair numa "incômoda sensação de inutilidade".[8]

Essa tendência contrastada para estruturas melódicas voltadas para a harmonia e para a improvisação (no jazz), ou centradas no seu próprio movimento modulante e harmonicamente nuançado (na bossa nova), tem consequências opostas para o sentido do canto nas músicas americana e brasileira: no jazz, a vocação do canto é instrumental, tendendo a se considerar uma voz "tanto mais perfeita quanto mais se aproxima do instrumento";[9] na bossa nova, a vocação do canto é a "intuição lírica",[10] tendendo a uma espécie de autossuficiência que preserva e sublinha o nexo necessário entre a voz e a palavra, consistindo na própria "forma do falar, sublimada".[11] Como outros artistas, críticos e teóricos, Mammí vê em João Gilber-

7 Ibidem, p. 65.
8 Idem.
9 Ibidem, p. 68
10 Ibidem, p. 64.
11 Ibidem, p. 66.

to a realização mais depurada dessa vocação para o "grão da voz" na canção brasileira, cuja essência estaria numa determinada inflexão capaz de surpreender com absoluta "naturalidade" a partícula silábica da língua como onda entoativa e melódica (no lugar recuado e escapadiço em que a palavra e o canto se tocam). Para isso, observa Mammí, João Gilberto combina sutis percussões consonantais com a índole "liquescente" das contaminações vocálicas da língua luso-brasileira, na qual síncopa e rubato, acentuações marcadas e articulações frouxas, mantêm a palavra cantada como um organismo que se autossustenta em verdadeira suspensão.

Vale a pena comentar ainda um outro desdobramento das observações de Lorenzo Mammí. Segundo ele, a música jazzística, em que são frequentes os instrumentos com ataque de alta definição, como os metais, privilegia de modo geral o senso virtuosístico da performance e o desempenho profissional ostensivo. Nos Estados Unidos, a cultura do espetáculo que permeia mesmo as relações domésticas e familiares pode levar, por exemplo, uma festa de aniversário a ser encarada como show — imitação da vida pública ou exercício para ela. Em contrapartida, a bossa nova desenvolveu-se numa atmosfera que, mais que tematicamente intimista, pede para o espetáculo público a intimidade do amador (a geração bossa-novista apresenta "o seu mais rigoroso trabalho como um lazer, como o resultado ocasional de uma conversa de fim de noite",[12] numa atitude que traria possíveis marcas de indefinição social e uma sintomática resistência "em se reconhecer produtiva").[13] A realização estética mais alta da bossa nova passa exatamente por uma estilização dessa espécie de "amadorismo" do qual ela se nutre. Tom Jobim, que colore "o caráter oscilante, vago de suas orquestrações[14] com "instrumentos de ataque pouco definido, como flautas e cordas",[15] utiliza, embora "profissional desde sempre",[16] a propensão "amadorística" da bossa nova como uma "convenção do gênero", o que permite a ele manter-se durante mais de trinta anos equidistante, "com indiscutível genialidade", do "tecnicismo jazzístico" de um lado, e da "vulgarização populista"[17] de outro. João Gilberto, por sua vez, cujo perfeccionismo raia a santidade e a mania, cumpriria também a seu modo o destino do "amador", não por equilíbrio mas por excesso, ultrapassando os limites do profissionalismo em direção

12 Ibidem, p. 64.
13 Idem.
14 Ibidem, p. 65.
15 Idem.
16 Idem.
17 Idem.

ao extremo da rarefação ("é diletante também aquele que leva o acabamento do produto muito além das exigências do mercado").[18] Graças a isso, João Gilberto chega a realizar um equivalente técnico nítido e objetivo, fruto de "um autocontrole extraordinário",[19] daqueles resíduos indefinidos, impressionísticos e incontroláveis da melodia na qual pensamos sem chegar a emiti-la, daquela vibração virtual na garganta que está aquém ou além da canção, antes ou depois da sua cristalização como gênero, *ali onde ela ainda deixa a desejar*, em sua perfeição.

O cancionista e teórico Luiz Tatit (que exerce através dessa duplicidade uma das virtualidades da "gaia ciência" brasileira) conclui seu denso e extenso trabalho semiótico sobre a canção com esta afirmação inequívoca: "o grão da voz gilbertiano é o ponto minúsculo que vem orientando a maneira de compor e de cantar dos maiores cancionistas brasileiros, independentemente dos estilos pessoais, do volume de voz ou do gênero adotado".[20] De fato (podemos lembrar), na escuta de João Gilberto formaram-se personalidades musicais tão diferentes como as de Caetano Veloso, Chico Buarque, Roberto Carlos e Jorge Ben.

18 Ibidem, p. 66.
19 Ibidem, p. 70.
20 Tatit, Luiz. *Semiótica da canção: música e letra*. São Paulo: Escuta, 1995.

Prossegue Tatit: "buscando o que há de mais específico em termos de execução e equilíbrio entre música e fala, João Gilberto atinge o protocanto, modelo virtual que está na base das principais realizações da canção popular anterior e posterior à bossa nova. Estudá-lo, com profundidade, é definir os próprios critérios gerais de análise da canção brasileira".[21] O trabalho de Tatit, que consiste numa aplicação original da semiótica greimasiana, unida às teorizações helmslevianas sobre a sílaba e aos estudos recentes de Zilberbeng sobre poesia, ritmo e sentido, chega através de análises detalhadas a formulações próximas às intuições de Lorenzo Mammí: "ao reelaborar a sintaxe melódica e musical, decompondo os paradigmas e recompondo as relações em outras bases rítmicas e harmônicas, João Gilberto vem demonstrando até onde se pode captar a velocidade contínua e irregular da sonoridade da fala sem correr o risco de desagregação".[22] Manter o frágil equilíbrio entre a celeridade ruidística e aperiódica da voz falante com os perfis sonoros estabilizados pela música é um trabalho microcósmico incessante que tem como vetor essa utopia: "as fronteiras entre voz que fala e voz que canta vão se diluindo e dando lugar ao grão que, a essa altura, po-

21 Ibidem, p.
22 Ibidem, p.

demos entender como o encontro feliz da interinidade com a perpetuação".[23]

Disso tudo, pelo menos duas conclusões são indispensáveis para o percurso que sigo aqui. A primeira, formulada explicitamente por Mammí, pode ser lida como uma variação da frase de Tatit que acabo de citar, e tem um valor de condensação inestimável para o entendimento da música brasileira dentro e fora do Brasil: "se o jazz é vontade de potência", diz ele, "a bossa nova é promessa de felicidade".[24] A equação capta, pode-se dizer que com muita felicidade, a cifra do destino histórico que acompanha esses dois estilos musicais, e a marca utópica ambivalente que a bossa nova denuncia na sua relação com o Brasil: *o não realizado que nela se realiza como canção. Ou, então, a falta que se constitui, ainda assim, num modelo*: avesso do avesso do problema brasileiro, que permanece aqui como incógnita. A expressão "promessa de felicidade", usada por Lorenzo, é certamente inspirada numa canção de Caetano Veloso, "Lindeza", em que o compositor inclui, entre outras definições de beleza (resposta em eco à pergunta "o que é uma coisa bela?", suspensa na canção "O estrangeiro"), a

---

23 Ibidem.
24 Mammì, Lorenzo. João Gilberto e o projeto utópico da bossa nova, op. cit., p. 70.

"promessa de felicidade" de Stendhal, citada por Nietzsche na *Genealogia da moral* (São Paulo: Companhia das Letras, 2009) contra a concepção kantiana da beleza como contemplação desinteressada. Essa trama de referências suspensa levissimamente numa canção que decanta o bolero e a bossa (lembrando, por esse lado, a "Coisa linda" de Carlos Lyra e Vinicius de Moraes) é um exemplo também feliz da "gaia ciência" a que me refiro, pela permeabilidade entre a citação culta e a fluência lírica, a densidade e a transparência, a filosofia e o senso paródico, a inocência cem vezes refinada. A propósito de inocência e sabedoria, Caetano Veloso oferece, numa declaração recente, uma outra versão da mesma fórmula da bossa nova como "promessa de felicidade"; "o otimismo da bossa nova", diz ele, "é o otimismo que parece inocente de tão sábio: nele estão — resolvidos provisória mas satisfatoriamente — todos os males do mundo". Acrescentando: "o Brasil precisa chegar a merecer a bossa nova". Um "otimismo" que contenha em si "todos os males do mundo", como este, é um "otimismo trágico" (Caetano o reconhece na mesma passagem) cm que o mal do mundo possa ser equacionado harmonicamente por uma sabedoria cuja inocência aparente é uma potência de grau mais elevado, e cujo saber "alegre" e poético-musical, depende de sustentar a provisoriedade na satisfação e a satisfação na provisoriedade, vale dizer, o atributo que dá o grão de sal à voz que canta ("o encontro feliz da interinidade com a perpetuação",[25] diria Tatit). Esse "otimismo" atribuído à bossa nova, e que significa sobretudo exigência de superação, não pode ser entendido se não pensarmos ao mesmo tempo no "pessimismo" complementar que Caetano atribui mais de uma vez a si mesmo e aos tropicalistas — este por sua vez um "pessimismo alegre". Otimismo e pessimismo não devem, pois, ser tomados aqui como mera contraposição dual de ânimos positivos e negativos. Em vez disso, otimismo (trágico) e pessimismo (alegre) são cifras de uma relação ambivalente com o destino brasileiro que a canção sustenta na frágil oscilação entre a palavra cantada e a palavra falada. O Tropicalismo corresponderia a uma descida aos infernos reais, através da qual se desejou abrir uma via de passagem ao encontro da bossa nova, que o precedeu, e na qual já se realiza algo que, contraditoriamente, precisa ser buscado. Alguma coisa dessa "dialética" retorna ao recente *Tropicália 2* de Caetano e Gil, na relação entre as duas primeiras canções do disco, "Haiti" (atualização daquele inferno brasileiro trazido à tona pela Tropicália) e "Cinema novo", comentário sobre a grandeza

25 Tatit, Luiz. Semiótica da canção: música e letra, op. cit., p.

das contaminações felizes contidas nas relações entre a música popular e o cinema brasileiro.

A segunda conclusão, que nos encaminha ao coração do tema, é que a relação entre canção popular e literatura, no Brasil, se ela de fato existe como atração magnética numa parte respeitável dessa produção, não se deve a uma aproximação exterior em que melodias servem de suporte a inquietações "cultas" e letradas, mas à demanda interior de uma canção que está a serviço do estado musical da palavra, perguntando à língua o que ela quer, e o que ela pode. É o que se apresenta no samba rap "Língua", de Caetano Veloso, em cujo estribilho ("Flor do Lácio Sambódromo/ Lusamérica Latim em pó/O que quer o que pode essa língua?") Elza Soares (a mais forte expressão da granulação jazzística natural na voz negra do samba do morro brasileiro) entoa essa definição da língua portuguesa feita da colagem de uma expressão do poeta parnasiano Olavo Bilac ("Última flor do Lácio, inculta e bela") com um neologismo afro-grego ("Sambódromo") usado para nomear o lugar onde desfilam as escolas de samba do Rio no Carnaval, projetado pelo arquiteto Oscar Niemeyer, autor, com Lúcio Costa, do projeto de Brasília. O que temos aí nessa conjunção de línguas correndo sobre o leito do latim pulverizado e ao mesmo tempo carnavalizado, na voz de Elza Soares (índice a um só tempo, pode-se dizer, da "vontade de potência" e da "promessa de felicidade"), é a afirmação de uma língua poética não saturada, "em estado nascente", "cujo desenvolvimento ainda não se deteve", como disse Guimarães Rosa da língua portuguesa no Brasil,[26] a língua "lusamérica". Nas palavras paródicas de Caetano Veloso em "Língua", a canção é o campo privilegiado do desejo da língua nascente (como se fosse ela o "lugar certo" daquilo que nunca sabemos ao certo onde colocar: "se você tiver uma ideia incrível/é melhor fazer uma canção/está provado que só é possível filosofar em alemão". Entre a "confusão de prosódias" e a "profusão de paródias", a poesia e a prosa, a canção "Língua" identifica ainda a "pessoa no Pessoa" e a "rosa no Rosa"; isto é, nos nomes dos dois maiores escritores em língua de Camões neste século, o "segredo" guardado na obra está, oculto e óbvio, na superfície: Pessoa/*personne*, o poeta de heterônimos, "drama em gente", é todo mundo e ninguém; Rosa, nome masculino e feminino, diadorínico, condensa em uma palavra o enigma do Grande Sertão.

Feita essa apresentação genérica das circunstâncias que singularizam a produção da canção no Brasil,

26 Apud Lorenz, Günter. Diálogo com Guimarães Rosa. In: Coutinho, Eduardo (Org.). *Guimarães Rosa*. Rio de Janeiro: Civilização Brasileira/INL, 1983. p. 81.

quero comentar agora um exemplo concreto que, se exemplifica muito parcialmente a gama de situações que se desdobram dessa produção, representa bem a presença de alguns artistas maiores no foco musical e literário de que trato aqui: a canção "A terceira margem do rio", música de Milton Nascimento com letra de Caetano Veloso sobre o conto de Guimarães Rosa contido no seu livro *Primeiras estórias.*

Esta é a estória: Milton Nascimento fez a música de uma canção, e, dando a ela o nome do conto de Guimarães Rosa, "A terceira margem do rio", propôs a Caetano Veloso que fizesse a letra. A proposta é um desafio: pede que se coloque numa estrutura rítmico--acentual e entoativo-melódica já determinada uma condensação poética desse conto encantado que é um dos mais impressionantes textos da literatura brasileira, entre outras coisas pelo modo como a palavra beira ali o silêncio e o indizível. A proposta é um "desafio" também no sentido levantado por Paolo Scarnecchia, e já referido anteriormente, como vocação da música popular brasileira urbana para o diálogo que atravessa textos e canções, fazendo-os entre si de motes e glosas, à maneira dos cantadores nordestinos. A situação lembra ainda, de maneira atravessada, aquela do conto "O recado do morro", também de Guimarães Rosa e contido no *Corpo de baile* (Rio de

Janeiro: José Olympio, 1956), em que uma mensagem da terra, ouvida por um ermitão a partir dos supostos movimentos interiores do morro da Garça, é retransmitida através de cinco outros personagens até ganhar, no sétimo elo da cadeia (o compositor popular), a forma de uma canção reveladora da trama oculta que se contraponteava na narrativa. Neste caso de que estamos tratando, a música de Milton é a pulsação não verbal que pede às palavras da canção que identifiquem nela a retransmissão de um outro recado, o do conto, que já é, por sua vez, na trama sutilíssima de palavras, a apreensão de dimensões não verbais do sentido. Talvez não seja demais lembrar que, entre as sete narrativas que compõem o *Corpo de baile*, Guimarães Rosa distinguia três "parábases", aquelas que tratam justamente da gênese do conto ("Uma estória de amor"), da poesia ("O cara de bronze") e da canção ("O recado do morro"), instâncias que vemos aqui entremeadas.

Na estória de "A terceira margem do rio", um homem pacato e "cumpridor", silencioso pai de três filhos regidos "no diário" pela autoridade ostensiva da mãe, manda um dia "fazer para si uma canoa", e lança-se com ela ao rio "grande, fundo, calado que sempre", sem nenhuma explicação para o inusitado desse ato. Sem voltar à margem de partida, nem desembarcar na outra, permanece como efígie invisível "naqueles espaços do rio, de meio a meio, sempre dentro da canoa, para dela não saltar, nunca mais". O evento insólito resiste a todas as tentativas de explicação (loucura, doença, promessa, premonição profética do fim do mundo por dilúvio), assim como às tentativas de captura simbólica, real ou imaginária (de nada adiantam a exortação religiosa contra a "tristonha teima", feita por um padre à beira do rio, a presença intimidadora de dois soldados, ou a tentativa de fotografá-lo, da parte dos "homens do jornal"). O pai é inacessível, e habita agora (se é possível falar de um *habitat* radicalmente fora do hábito) um entre lugar que parece irredutível à fome, às intempéries, à passagem dos meses e dos anos, ao crescimento da família e à sua dispersão. Entre todos, só o filho, que testemunha a estória como seu narrador, permanece na margem ("com as bagagens da vida") à espera do pai, sem se casar, "homem de tristes palavras" diante dessa ausência e do "rio — rio — rio, o rio — pondo perpétuo". Ao final do conto, o vulto do pai atende ao chamado do filho, quando este se propõe, envelhecido, a substituí-lo no barco, vindo o pai ao seu encontro como espectro, "depois de tamanhos anos decorridos". A visão é de tal modo aterradora (sinistra — estranha e familiar —, no sentido freudiano), que o filho foge dela, e, portador do próprio fracasso ("sou homem, depois desse falimento?"), pede para si um destino: "que, no artigo de morte, peguem em mim, e me depositem também numa canoinha de nada, nessa água, que não para, de longas beiras; e, eu, rio abaixo, rio a fora, rio a dentro — o rio".

É impossível desvendar esse claro enigma que parece querer permanecer luminoso e irredutível na sua literalidade. Juntando os fios sutilíssimos da meada, no entanto, vemos que o conto desenha pouco a pouco, na aura desse pai próximo e distante, sempre "avistado e diluso", presente e radicalmente ausente, a falta absoluta de um ser amado cuja insistência na falta leva a família a um lento e não nomeado trabalho de luto. Esse trabalho é gradativamente descrito até chegar ao momento em que, nascido o primeiro neto do pai, a família chora abraçada à margem do rio para dali se despedir e partir para outros rumos da vida. Não há lugar aqui para comentar a natureza ambígua desse luto nebuloso que não nomeia a morte e que trabalha talvez a falta de um pai desde sempre faltante, cuja palavra é barrada pela mulher que transforma até mesmo sua partida silenciosa em ordem dela: "Cê vai, ocê fique, nunca volte". Mas, talvez por isso, e não por acaso, o elo definitivo dessa cadeia familiar seja o filho-narrador que permanece, na margem e à margem, como o melancólico: aquele que não se despediu do pai e da esperança de sua volta literal, aquele para quem a perda não desertifica apenas o mundo, mas a si mesmo, aquele que não pode se defrontar com a falta porque o lugar do pai acusa pura falta insanável e inconfessável ("de que era que eu tinha tanta, tanta culpa?"). Calada pelo filho, a morte do pai retorna sobre ele, ao final, como espectro e espelho, aproximando-se vicária e sem lugar porque a canoa é intransferível, e desde o começo feita só "para caber justo o remador". A essa altura, é preciso voltar a dizer que um dos encantamentos deste conto está em decantar a experiência do luto/melancolia em estado puro, sem designar a morte que lhe corresponde, pois esta não se localiza num tempo (quando se deu?) nem num lugar (não tem margem), não é propriamente literal nem metafórica, e fica em suspensão, ressoando no símbolo imemorial da barca e da travessia do rio (como se Caronte conduzisse a si próprio para lugar nenhum). A passagem para a outra margem, que repartiria na tradição mitológica o território dos vivos e dos mortos em dois campos opostos e dualizados, não se dá aqui: o conto dissolve essa dualidade na alusão, que lhe dá nome, à terceira margem inominável.[27] Podemos dizer, assim, que a morte está, nesse conto,

27 Ver Galvão, Walnice Nogueira. "Do lado de cá". In: *Mitologia rosiana*. São Paulo: Ática, 1978. p. 37-40.

ao mesmo tempo recalcada (na relação das personagens com o pai ausente, sob o luto tácito e a melancolia) e surpreendida pela narrativa num estado de evidência insólita em que o silêncio ilumina aquilo que não pode ser dito, escapando na tangente da leitura alegórica, fantástica ou mítica, para confundir-se com o fluxo do rio que retorna, tautológico, perpétuo e provisório, sobre si mesmo. É desse lugar que o mineiro Milton Nascimento, silencioso, lança em música essa "terceira margem" ao baiano Caetano Veloso, para que este dê nome — poético — ao enigma.

Esta é a letra da canção:

> Oco de pau que diz
> eu sou madeira, beira
> boa, dá vau, tristriz
> risca certeira
> meio a meio o rio ri
> silencioso sério nosso pai não diz, diz
> risca terceira
>
> água da palavra
> água calada pura
> água da palavra
> água de rosa dura
> proa da palavra duro silêncio, nosso pai
> margem da palavra

entre as escuras duas
margens da palavra
clareira, luz madura
rosa da palavra
puro silêncio, nosso pai

meio a meio o rio ri
por entre as árvores da vida
o rio riu, ri
por sob a risca da canoa
o rio riu, vi
o que ninguém jamais olvida
ouvi ouvi ouvi
a voz das águas

asa da palavra
asa parada agora
casa da palavra
onde o silêncio mora
brasa da palavra
a hora clara, nosso pai
hora da palavra
quando nao se diz nada
fora da palavra
quando o mais dentro aflora
tora da palavra
rio, pau enorme, nosso pai

Da narrativa, a canção retém a substância lírica nos quatro primeiros versos, enunciados através de uma pulsação que oscila entre anacruse e síncopa, em fluxos alternados de aceleração e distensão que ora ocupam, ora deixam vago o acento tônico do compasso, e temos a construção da canoa que se diz por si mesma na madeira escavada ("oco de pau que diz/ eu sou madeira"), lançada à água na margem propícia ("beira/boa, dá vau"), traçando nela a risca levíssima ("tristriz") e inequívoca ("certeira"). Rima interna (madeira/beira"), aliteração (beira boa), expressão de gosto interiorano ("dá vau") e criação vocabular de um verbo feito da iteração de um elemento substantivo (tris/triz) que remete ao mesmo tempo à expressão por um triz (por um fio, por um tudo-nada) e ao verbo "triscar" (roçar levemente), tudo isso dá o tom de uma glosa primeira do estilo inconfundível da prosa rosiana. No mesmo movimento, a letra da canção constitui esse triz à flor da água (paralelo e interno ao ritmo e à melodia) como o lugar do dizer, ou de um dizer que inscreve e dissolve as significações nos seus contrários ("meio a meio o rio ri/ silencioso sério"), eludindo a fixação do sentido ("nosso pai não diz, diz") numa outra instância mais além das margens opositivas ("risca terceira"). Por um efeito de multiplicação da música do significante, a iteração contida em "tristriz" repercute nas células repetidas de "meio a meio", nas aliterações de "rio ri" e "silencioso sério", "risca terceira" é uma variação paronomástica e anagramática de "risca certeira"; na mesma lógica do anagrama, de maneira mais discreta, "rio" e "rio" estão contidos em "sério", e mais adiante, por "sob a risca da canoa", o "rio riu": tautologia fonética divergente (ainda iteração) que se abre na flor do riso sério em que está guardado o segredo da escuta inesquecível e indizível da "voz das águas" ("o que ninguém jamais olvida/ouvi, ouvi, ouvi").

Essa "voz" é um estado da palavra muda ("água da palavra/água calada pura/água da palavra/água de rosa dura") que emana do pai como privação ("duro silêncio") e ao mesmo tempo como revelação ("puro silêncio"; "entre as escuras duas/margens da palavra/clareira luz madura"). Essa canoa-rio-palavra, essa flor da água, na canção como no conto, é o lugar da ausência do pai, mas também da linguagem em estado nascente, em que ela não se detém e flutua, e do qual se pode invocar o nome movente do pai como criador da língua: "rosa da palavra". Aqui, a canção homenageia literalmente o autor do conto, e isso tem tanto a gravidade correspondente ao tamanho da falta a que o conto alude como a gravidade corresponde à fundação da língua poética, que nele se consagra, por vir e já vinda, promessa, felicidade, vontade e potência, empenhadas na trama de recados entre a narrativa e a canção. Numa série de metamorfoses, a água faz-se aérea "asa da palavra/asa parada agora", depois, fogo, "brasa da palavra/a hora clara", e, finalmente, árvore ou tronco, madeira espessa e terra, "tora da palavra". Nesses movimentos, o som e o sentido excedem e faltam, dentro e fora do silêncio e da palavra (em cuja casa "o silêncio mora"). A canção, que começava com o vazio da linguagem no "oco de pau" (a madeira-canoa na água), termina simetricamente com o cheio da água como "a tora" fálica "da palavra"; "rio, pau enorme, nosso pai" (essa imagem é uma reverência ao último parágrafo do *Grande sertão: veredas*, em que se lê: "O Rio de São Francisco — que de tão grande se comparece — parece é um pau grosso, em pé, enorme [...]").

A singularidade da canção popular brasileira tem nesse exemplo a demonstração de uma de suas consequências inusitadas: em que cultura, ou em que país, pode-se perguntar, o cancionista popular chega a ser o sujeito de uma interpretação vertical do seu maior escritor? Nisso não vai apenas uma questão de competência específica e de arranjo original das especialidades, mas o índice de uma trama cultural em que a malha das permeabilidades é muito intrincada.

Essa constatação não é, no entanto, apologética, mas problemática: permeabilidade e maleabilidade têm sido, nas várias interpretações do "dilema brasileiro", o reverso da moeda da anomia, da irresponsabilidade e da incapacidade de sustentar Projeto (traços recorrentes, por exemplo, em muitos dos protagonistas do romance brasileiro, emblematizados na ambiguidade do Macunaíma). O movimento tropicalista fez da canção de massas o lugar em que essa ferida se expõe e se reflete com todo o poder explosivo do que ela guarda de recalcado, de irresolvido e também do potencialmente afirmativo. Com um recuo de vinte e cinco anos, é possível ver nesse esforço o claro desejo de extrair um saldo produtivo da exposição escancarada dos disparates brasileiros, tirando-os do caldeirão indiferenciado das indefinições permanentes. Pode-se ler essa releitura no próprio disco *Tropicália 2*, lançado recentemente por Caetano Veloso e Gilberto Gil e já citado aqui; podem-se ver também a perseguição e a decantação desse critério na formulação de Antonio Cicero sobre a singularidade do lugar brasileiro no mundo, e no contrabalanço de suas potencialidades e precariedades: "o paradoxo do Brasil está em, sendo capaz de oferecer a prefiguração da solução de alguns problemas que poucos países conseguem efetivamente enfrentar, não ter conseguido efetivamente enfrentar alguns problemas que outros países já resolveram total ou parcialmente". Citada pelo cineasta Cacá Diegues e retomada por Caetano Veloso, essa formulação passa aqui por essas linhas como a marca de um "recado" travessia talvez esteja longe de se completar, e que tem na sua própria estrutura barroca, cruzada em quiasmo, um ícone do xis do problema.

Mas não nos percamos do conto e da canção: ali temos, quase como uma litania transfigurada, o tema da "falta do pai", recorrente na interpretação do país, falta esta da qual se sai, no entanto, através de uma fundação que se baseia no próprio fluxo da água — da Inga poética e da música. Ao encaminhar a minha fala para o seu término, quero comentar, ainda que rapidamente, a esse respeito, o livro do psicanalista italiano Contardo Calligaris, que lê lacanianamente os modos de ser brasileiros à luz, ou à sombra, da precariedade de uma fundação em que não se instaura o nome-do-pai.[28] Segundo Calligaris, o país "não soube ser pai",[29] e não outorga aos cidadãos "algum UM nacional"[30] que os constitua, oscilante entre o colonizador que não interdita o gozo desqualifica o corpo explorado

28 Calligaris, Contardo. *Hello Brasil! — Notas de um psicanalista europeu viajando ao Brasil*. São Paulo: Escuta, 1992.
29 Ibidem, p.
30 Ibidem, p.

do qual goza, e o colono que não é assujeitado por um nome que o colonizador não se dispôs a lhe dar. Esse diagnostico do "fracasso da *umtegração*",[31] com tudo aquilo que contém de promessa de continuado malogro, é, pode-se dizer, quase uma curiosa atualização psicanalítica daquelas teorias cientificistas que apontaram entre nós, no fim do século XIX, para a inviabilidade do Brasil, como o determinismo tainiano. Efetivamente, se a afirmação de que "esse país não presta"[32] percorre difusamente o discurso cotidiano de colonizador e colono, como bem aponta Calligaris, pode-se dizer que esse país talvez não preste também para prometer perspectivas progressistas à demanda desses modelos teóricos europeus. Contardo é o terceiro italiano que cito aqui e, agora, além do acaso e da pertinência temática, eu o faço pelo declarado desejo de estabelecer um paralelo diagonal. Como na canção "O estrangeiro" ("O pintor Paul Gauguin amou a luz da baía de Guanabara/o compositor Cole Porter adorou as luzes da noite dela/o antropólogo Claude Lévi-Strauss detestou a baía de Guanabara/pareceu-lhe uma boca banguela"), os dois primeiros italianos aqui citados lançam luzes sobre a luz da nossa guanabara poética e cancional, e o terceiro aponta o travo

31 Ibidem, p.
32 Ibidem, p.

amargo da nossa boca banguela. Essa assimetria parece ser inevitável e necessária para uma identidade que se faz desde dentro como estrangeira, e através da "dialética rarefeita entre não-ser e ser outro", como disse Paulo Emilio Salles Gomes. O livro de Calligaris não prima pelo senso das mediações, e desconhece uma larga tradição da interpretação do Brasil, mas é cheio de observações agudas justamente sobre essa rarefação identitária. Em algumas passagens, define com precisão, sem sabê-lo, pontos problemáticos que estão configurados em certas obras da literatura ou da canção brasileiras, o que confirmaria o caráter sintomático das suas observações.[33] Quando aborda

33 "O colonizador veio então gozar a América, por isso deve esgotá-la, mas sabe que não era América que queria fazer gozar" (ibidem, p. 19): já que Iracema, no romance de José de Alencar, é anagrama de América, a frase de Calligaris, e seu contexto, aplicam-se inteiramente à descrição das relações entre Martim, Iracema e a mulher europeia para a qual retorna o desejo do guerreiro colonizador depois de gozar a América, nesse romance. Outro exemplo: "E a questão surge de saber se, lá onde o Brasil falha a ser um significante nacional, gaúcho não conseguiria [...]. Por razões diferentes, talvez a mesma questão pudesse surgir para o sertanejo. É certo que gaúcho e sertanejo — para tomar estes dois exemplos (talvez haja outros) — são significantes referenciais de uma filiação, que não se fundem nem com a unidade tópica que outorgaria o simples fato de explorar o corpo da mesma terra mãe (estamos aqui), nem com a nostalgia do pai perdido (viemos de lá)" (ibidem, p. 104-105). Curiosamente, ao projetar a fundação da nacionalidade através de um grande painel romanesco da história e das regiões do Brasil, José de Alencar o realiza de modo paradigmático, justamente (no que diz respeito ao romance regionalista) com *O gaúcho* e *O serta-*

explicitamente uma obra literária, a de Oswald de Andrade, e a questão da antropofagia como estratégia da cultura colonizada, maltrata o seu objeto por redução simplificadora. De modo geral, só vê ameaças de identificação promissora ainda que irrisória naquelas músicas dos blocos baianos que forjam uma identidade quase do nada, pela filiação imaginária a civilizações exóticas de Egitos e Madagascares idealizados, senão delirantes (à maneira do que os rastafáris fizeram com a Etiópia), e nos quais prefigurariam, numa petição de princípio pelo menos escancarada, o país e o nome que lhes falta. Não me parece que Calligaris tenha avaliado com atenção o lugar que a canção popular ocupa no processo de *umtegração* brasileira (se quisermos ainda usar esse nome para os modos pelos quais se elabora o simbólico numa cultura). Em todo caso, a questão da fundação do país retorna com força nessas canções, e parece extrair delas mesmas o campo em que se desenha uma outra filiação a uma outra

nejo. À página 106, este comentário sobre João Cabral cabe perfeitamente para Graciliano Ramos: "a história de uma mãe terra tão dura que não precisa de pai para interditá-la; como se os filhos não ganhassem o nome sertanejo por respeitar o interdito paterno mas por conseguir viver e morrer de uma mãe que se interdita sozinha" (ibidem). A página 145, uma passagem sobre o modo da interlocução telefônica no Brasil parece descrever a canção "Bye Bye, Brasil", de Chico Buarque, entre outros exemplos que poderiam ser apontados.

paternidade plural, múltipla, dialógica ("minha pátria é minha língua/e eu não tenho pátria/tenho mátria e quero frátria", diz a "Língua" de Caetano Veloso). Ou, em Chico Buarque, pai é o que não falta em "Paratodos": "O meu pai era paulista,/meu avô pernambucano,/o meu bisavô mineiro,/meu tataravô baiano,/meu maestro soberano/é Antonio Brasileiro". Esta canção é um olhar sobre si que se ultrapassa na pertinência, ancestral e atual, às muitas regiões da vida brasileira e de sua música (sobre as quais paira Antonio Carlos Jobim como maestro soberano). Já vimos o pai mineiro, rosiano, o pai paulista, chico-buarquino (no caso, por uma ironia luxuosa, o próprio Sérgio Buarque de Holanda, autor de *Raízes do Brasil*, remetendo a toda uma linhagem de fundações colhida nessa toada serenada), e vejamos ainda o pai baiano brasileiro universal, africano e oriental, surpreendido por Gilberto Gil em Dorival Caymmi como "Buda Nagô", "Dorival é ímpar/Dorival é par/Dorival é terra/Dorival é mar/Dorival tá no pé/Dorival tá na mão/Dorival tá no céu/Dorival tá no chão [...]/Dorival é Eva/Dorival Adão/Dorival é lima/Dorival limão/Dorival é a mãe/ Dorival é o pai/Dorival é o peão/Balança mas não cai".

BOLa ao aLTO

A DROGA

Num recente debate com estudantes de letras na USP, o crítico de arte e ficcionista Rodrigo Naves pôs lado a lado, numa *boutade* cheia de razão, Pelé e Machado de Assis. De fato, se a *formação* da literatura brasileira desemboca em Machado, a do futebol brasileiro desemboca em Pelé. Quem ousaria compará-los? Quem dirá quem é superior? Driblarei a questão indo diretamente ao ponto: como foram possíveis um e outro? Ambos nos dão a impressão de render as condições que os geraram, como se pairassem acima delas. Render, aqui, significa submetê-las (a pobreza, o atraso, a situação periférica do país) levando-as a suas conscquências máximas, e superando-as sem negá-las.[1] A discrepância aparentemente aberrante

---

1 Uso aqui essa acepção de "render", como correspondente em português da *Aufhebung* hegeliana, por sugestão de João Camillo Penna, que a toma via Derrida ("élevé" e"relevé").Ver Philippe Lacoue-Labarthe, *A imitação dos modernos: ensaios sobre arte e filosofia*. Tradução de Virginia de Araújo Figueiredo et al. São Paulo: Paz e Terra, 2000, p. 150.

da comparação entre o escritor e o jogador de futebol contém nela mesma o xis do problema: ambos são necessários para que se formule a trama de um país mal letrado e exorbitante, cuja destinação passa pelas reversões entre a "alta" e a "baixa" cultura, pelo confronto e pelo contraponto das raças, pela palavra e pelo corpo, e cuja "formação" não poderia se dar apenas na literatura: o ser brasileiro pede minimamente — para se expor em sua extensão e intensidade — a literatura, o futebol e a música popular. (Aliás, uma certa intangibilidade enigmática, comum aos dois, pode ser reconhecida também em João Gilberto.)

Se Machado de Assis tornou-se quase inseparável — depois da interpretação de Roberto Schwarz — do equacionamento das "ideias fora de lugar", isto é, dos desnivelamentos e disparates entre a escravidão cotidiana e a pretensão universalizante do liberalismo burguês que pautou as nações modernas, o futebol brasileiro e Pelé são inseparáveis do "lugar fora das ideias", o vetor inconsciente por meio do qual o substrato histórico e atávico da escravidão se reinventou de forma elíptica, artística e lúdica.

A rigor, o arco da visão machadiana é inconcebível sem a assimilação da literatura universal, a surda travessia de classes, a perspectiva multifocal da sociedade, a intuição dos processos inconscientes e a sua condição racial ambivalente de mestiço — *nem admitido nem rejeitado*, como Friedenreich e Domingos da Guia. É difícil avaliar quanto, mas é indubitável que essa condição social e racial, sem explicar a sua obra, toma parte decisiva e secreta nela.

É fato que o Brasil da literatura machadiana gira em falso repetindo viciosamente, *ad aeternum* e *ad nauseam*, a sua incapacidade de mudança. Mas se tomássemos o pessimismo social machadiano muito ao pé da letra, e em nível raso, o país que Machado de Assis descreve *não poderia sequer ter produzido ele mesmo*, tampouco a extraordinária potência das suas formulações. A verdade é que há, nesse caso, um salto da vida coletiva no talento individual, e podemos dizer que isso só acontece quando as barreiras sociais gritantes e as barreiras veladas que dividem o Brasil se levantam de algum modo, como na estratégia evasiva e fulminante do ironista que viu *tudo*.

Por outro lado, o futebol no Brasil age sobre esse artigo de luxo importado que é o futebol britânico, dando-lhe outra configuração e outra destinação, em paralelo e contraponto com a música popular. No samba e no futebol, negros, brancos e mulatos, habitando uma certa zona de indeterminação criada pela herança do escravismo miscigenante, lidam com *a prontidão e outras bossas*, com seu saldo não verbal e ambivalente, num campo em que o fio da navalha da inclusão e da exclusão se transforma num estilo de ritmar, de entoar e de jogar. Esse estilo, inextrincavelmente associado à já citada "dialética da malandragem", zona de permeabilidade ambígua entre a ordem e a desordem,[2] constituiu-se num sistema acabado e produziu Pelé, que realiza em campo todas as suas virtualidades a ponto de pairar sobre ele, como se livre dos seus estigmas (que permanecem e transparecem vívidos no gênio de Garrincha). Comparo Machado de Assis a Pelé, assim, não porque sejam semelhantes como personalidades ou estilos, mas porque têm aquela similitude dos opostos complementares: além de todas as diferenças óbvias implicadas nos campos da literatura e do futebol, o foco de um ilumina o cerne da nossa incapacidade de escapar ao retorno vicioso do mesmo, e o do outro a nossa capacidade de invenção lúdica e a extraordinária potência da nossa promessa de felicidade. O que os une é a afirmação, na negatividade e na positividade, da consciência fulminante e da intuição em ato, assim como a capacidade de fazer o país saltar aos nossos olhos como melhor do que ele mesmo.

2 Referência ao ensaio de Antonio Candido, "Dialética da malandragem", op. cit., pp. 19-54. O tema será retomado, ainda uma vez, mais adiante.

Mas *melhor do que ele mesmo* supõe necessariamente um *pior do que ele mesmo*. Machado de Assis radiografou de maneira implacável o nosso atraso com um descortino fulgurante, cujo *avanço* não paramos de descobrir. E só pôde fazê-lo da maneira que o fez, acredito eu, porque viu por dentro a sociedade de ponta a ponta — como condição entranhada em sua trajetória de vida — e porque deu uma poderosa forma nova à tradição literária acumulada. Mais do que o atraso, no entanto, flagrou a paralisia congênita da alma nacional, se quisermos chamar desse modo o renitente sistema de autoilusão compartilhada que refuga os golpes do real à custa de expedientes de acomodação e escape que deixam ileso o estado de coisas, mesmo quando insustentável.

O futebol brasileiro é, por sua vez, o saldo ambivalente desse déficit, seu veneno e seu remédio prodigioso. Seria mais um mecanismo de fuga entre outros se não fosse, ao mesmo tempo, o campo em que a experiência brasileira encontrou uma das vias privilegiadas para atravessar o seu avesso e tocar as fraturas traumáticas que nos constituem e permanecem em nós como um atoleiro. Ele é a confirmação do paradoxo da escravidão brasileira como um mal nunca superado e, ao mesmo tempo, como um bem valioso em nossa existência, não pela escravidão enquanto tal —

o que é óbvio e gritante aos céus —, mas pela amplitude de humanidade que desvelou.[3] Por isso mesmo, ele figura como redenção e como falha irresolvida, como o remédio irremediável em que pendulamos, na incapacidade de estender os seus dons vitoriosos e potentes às outras áreas da vida nacional — em especial à educação e à política, com implicações para todo o resto. E a mesma cegueira faz com que se queira gozar os seus efeitos como se fossem dados de presente e desde sempre e que se recuse a reconhecer o custo permanente de sua construção.

Se Machado de Assis realiza em obra, disfarçadamente, aquilo que a sociedade abafada que ele descreve faria supor impossível (a atualidade antecipatória de uma criação original no campo intelectual), o futebol brasileiro torna possível em campo aquilo que a sociedade brasileira sistematicamente não realiza (democracia racial em ato, elevação dos pobres à má-

3 Joaquim Nabuco fez uma análise lúcida da impregnação do regime escravista na vida brasileira, da crueldade bárbara sobre a qual se assentava e das consequências políticas e sociais graves, de longo alcance, a se estender para muito além da abolição. Ver *O abolicionismo: conferências e discursos abolicionistas*. São Paulo: Instituto Progresso Editorial. Não obstante, assinala, em *Minha formação*, São Paulo: Martin Claret, 2007, a dignidade engrandecedora do escravo e a sua contribuição decisiva para uma sensibilidade brasileira da qual se fez inseparável, em passagem que foi musicada por Caetano Veloso na canção "Noites do Norte", contida no CD do mesmo nome, lançado em 2000.

xima importância, competência inequívoca no domínio de um código internacional). Para que seus dons se irradiassem para áreas menos lúdicas, seria preciso passar por algo como uma segunda abolição da desigualdade (para além da dicotomia de raças) e ao mesmo tempo por uma cura do dispositivo doentio segundo o qual o país é ou receita de felicidade ou fracasso sem saída — ou total ou nulo, ou panaceia ou engodo, ou paradisíaco ou infernal. A meu ver, essa é, aliás, a precondição imaterial de qualquer outra mudança.

Volta e meia fala-se da ideia do "país do futuro", com a obrigatória alusão depreciativa ao livro de Stefan Zweig, como uma ilusão compensatória do atraso. Mas a ideia fixa do país do fracasso, que vem associada automaticamente a essa crítica, é um efeito mais enviesado e mais capcioso da mesma síndrome. Em vez disso, seria preciso ver Machado de Assis pela lente de Pelé e Pelé pela lente de Machado de Assis. Se os sucessos do futebol brasileiro, por exemplo, são uma decorrência, entre outras coisas, da falta de instrução estrutural, seria o caso de atacar a falta de instrução tomando como modelo aquelas produções da cultura que vazaram e reviraram, sempre, os estigmas imobilizados da vida nacional. Quem não intui a possibilidade de um salto de eficácia geral em todas as frentes se uma ação educacional consistente produzisse as condições para que um povo artista e lúdico aprendesse criando, inventando, jogando, com um rigor até então inimaginável, de consequências para todas as áreas?

Uma revisitação aos intérpretes do Brasil da década de 30 nos faz lembrar de quanto está contida e rebatida, neles, a concentração de visadas positivas e negativas que se manifestam cruzadas nos fenômenos do grande escritor e do grande jogador. Pode-se dizer que as características da "formação do Brasil contemporâneo" em Caio Prado Júnior aparecem ao maior analista do nosso atraso como um veneno contaminante; que o mesmo processo, visto por Gilberto Freyre em *Casa-grande & senzala*, ganha as propriedades de um remédio — a ideia da civilização mestiça e original nos trópicos; e que em *Raízes do Brasil*, de Sérgio Buarque de Holanda, essa formação destila um implícito e ambivalente *veneno remédio* — o "homem cordial" afetivo e arbitrário, afável e truculento, personalista e inconsequente. Essas diferenças podem ser vistas como modulações de um mesmo campo problemático em que a *droga-Brasil*, aparecendo ora num polo, ora noutro, resiste como um *fármacon* rebelde à neutralização.

Em Caio Prado Júnior, a colonização brasileira é descrita como um capítulo longínquo e deslocado da história mundial do capital, uma empresa que se arma através da "incoerência e instabilidade no povoamento", da "pobreza e miséria na economia", da "dissolução nos costumes" e da "inércia e corrupção nos dirigentes leigos e eclesiásticos".[4] Esse aglomerado incoerente e desconexo, mal amalgamado sobre bases precárias, falho de projeto, de justiça, de limite e de caráter, constituindo uma sociedade voltada exclusivamente para a exploração econômica a longa distância, não conhece nenhuma vida popular que não seja a da população degradada pela escravidão, por um lado, e a massa marginal de homens livres sem perspectiva, por outro. Sob o realismo minucioso e implacável do seu crivo produtivista, Caio Prado Júnior não vê lugar para o despontar de alguma produção cultural original. Dos índios, avessos à sua incorporação em qualquer sistema produtivo moderno, Caio Prado não fala mais do que do vezo da cachaça (inseparável do rebaixamento a que são submetidos) e, *en passant*, do mutirão (como prática tribal residual, citada em nota de rodapé). Curiosamente, o ensaísta ilustra esse aspecto geral de inércia, estagnação, preguiça e moleza com um exemplo *avant la lettre* de

4 Caio Prado Júnior, *Formação do Brasil contemporâneo*. 16. ed. São Paulo: Brasiliense, 1979, p. 356.

futebol: conta ele que o viajante francês Saint-Hilaire, "depois de longas peregrinações e de uma permanência já de muitos anos em contacto íntimo com a vida do país [ainda na primeira metade do século XIX], não esconderá sua admiração, e por isso elogiará calorosamente os moradores de Itu e Sorocaba [...], porque encontrou aí [...] um *jogo de bola*; no estado de espírito em que se achava [...] constituía isto já uma 'prova' de energia".[5] Dado que o livro do viajante data de 1851, vemos que jogar bola figura casualmente, aí, mesmo antes da invenção do futebol, como uma vocação quase atemporal na vida popular brasileira, temperando um amolengamento inercial sem projeto e sem ação produtiva. Dopado pelo veneno da apatia brasileira ao longo da sua viagem pelos nossos interiores, Saint-Hilaire teria se deixado iludir pelo tônico energético e ilusório do jogo.

Reconhecemos na visão de Caio Prado Júnior não só uma perspectiva individual, mas também a fundação de um paradigma de abordagem do Brasil, com a sua linhagem crítica correspondente, na qual tem um lugar central a sociologia paulista e uspiana. Nesta, a ênfase recairá na identificação do atraso e do deslocamento brasileiro na ordem mundial, sem privilégio

5 Idem, ibidem, p. 349.

para originalidades culturais populares, consideradas pouco relevantes no quadro econômico e político. O diagnóstico produzirá uma teoria da dependência e uma análise da condição periférica. Se aplicado ao futebol, investe o seu tônus desmitificador na análise das condições socioeconômicas que cercam o esporte, sem chance para a contemplação de redentoras "gingas" e "jeitos de corpo" — e sem atribuir relevância à singularidade da imbricação cultural.

Mas o parágrafo final de *Formação do Brasil contemporâneo* guarda assim mesmo um índice de outra natureza, a ser ponderado: comentando as adaptações deslocadas do ideário revolucionário francês no fim do período colonial, em que essas, digamos, ideias fora de lugar antes do tempo ("liberdade, igualdade e fraternidade") se prestavam a variados e deslocados usos, aproveitando-se do caráter muito genérico e vago da fórmula ("senhores de engenho e fazendeiros contra negociantes; mulatos contra brancos; pés descalços contra calçados; brasileiros contra portugueses...", todos a reivindicar o mote revolucionário francês), Caio Prado Júnior observa que essas reivindicações calavam exatamente o conflito crucial e central de "escravos contra senhores". Isso se dava não só porque os próprios escravos não tinham voz política, mas também porque falavam, em última instância, uma outra linguagem: *"os escravos falavam — quando falavam, porque no mais das vezes agiram apenas e não precisaram de roupagens ideológicas —, falavam na linguagem mais familiar e acessível que lhes vinha das florestas, das estepes e dos desertos africanos..."* (o grifo é meu).[6]

Intrigantemente, esse parágrafo final suspenso — um caso raro, se não único, de linguagem figurada e reticente no autor da *Formação do Brasil contemporâneo* — constitui-se, mais do que na identificação do déficit político da parte do escravo, e do ponto cego pelo qual o sistema escravista se reproduzia, num sinal de menos que sinaliza um algo mais: os escravos não falavam ideias, mas falavam um lugar fora das ideias. "Florestas", "estepes" e "desertos" podem ser lidos figuradamente, se interpretamos bem a alusão a certa "linguagem mais familiar e acessível", como gestualidade, dança, música, religião — inominadas ações extraideológicas —, ações simbólicas e materiais não despidas de beleza ou violência. O ensaísta reconhece aí a sobra de uma dimensão a-histórica ou fora da história ocidental moderna que lhe serve de parâmetro para a análise do "sentido da colonização". Assim, o livro de Caio Prado Júnior tem, entre outros

6 Idem, ibidem, p. 377.

méritos, o de apontar em última instância, ainda que indiretamente, para aquilo que ele mesmo silencia: as vozes caladas da população escrava, que habitam uma outra temporalidade.

Gilberto Freyre, a seu modo, e com pressupostos muito diferentes, não faz outra coisa senão dar corpo ao lado dionisíaco dessa presença silenciada em Caio Prado Júnior — a sobra, ou o excedente humano, investida nessa empreitada colonial. Longos capítulos sobre a "bicontinentalidade" como que bissexual — europeia e africana (moura) — do português; sobre o erotismo, a culinária, as técnicas de corpo, as influências linguísticas, os brinquedos (incluindo os jogos de bola) do índio; sobre o universo afro-brasileiro e a permeabilidade entre a casa-grande e a senzala, tudo isso é a marca registrada do seu livro mais famoso e influente. O despotismo patriarcal brasileiro, como ele o descreve, é uma imbricação violenta e vivaz de antagonismos, de truculência e proximidade, de diferenças sem contradição, de hibridismo e *hybris* unidos plasticamente num "amálgama tenso, mas equilibrado".[7] O mundo colonial aí tratado está longe de ser idílico, ao contrário do que às vezes se supõe ou se diz a respeito de Gilberto Freyre. Nele, os patriarcas,

7 Ricardo Benzaquen de Araújo, *Guerra e paz: Casa-grande & senzala e a obra de Gilberto Freyre nos anos 30*. São Paulo: Editora 34, 1994, p. 57.

não contrastados senão por rivais que se lhes equivalem, permitem-se castigar e matar escravos e escravas, esposas infiéis e filhos insubordinados, além de exercer todo o tipo de violência sexual. Uma propensão generalizadamente sádica, diz Freyre com todas as letras, permeia e contamina todas as relações de mando, com a correspondente e difusa contrapartida masoquista.

As transgressões que ele explicita são, ainda e sobretudo, violências domésticas, e não as economicamente estruturais do eito, do trabalho do engenho, que ficam ausentes desse clássico da vida privada. Porque a família aparece aí, afinal, como a unidade produtiva e polarizadora da colonização brasileira, em contraste com a empresa colonial, como que sem família, que vige no livro de Caio Prado Júnior. Se na Grécia, por exemplo — compara Ricardo Benzaquen de Araújo —, a escravidão liberava o senhor para o exercício da cidadania e a dedicação à vida pública, no modelo da casa-grande, ao contrário, o senhor se vale da escravidão para depositar todos os seus interesses na esfera mais privada da existência: lucros fáceis nos negócios e satisfação ilimitada dos apetites. Em Gilberto Freyre, ainda assim prevalece, como turbulenta utopia retrospectiva da integração brasileira, azeitada pelo "óleo lúbrico da profunda miscigenação",[8] o "ideal de uma

8 Gilberto Freyre, op. cit., p. 160.

família extensa, híbrida e — um pouco como no Velho Testamento — *poligâmica*, na qual senhores e escravas, cercados de herdeiros legítimos e ilegítimos, convivem sob a luz ambígua da intimidade e da violência, da disponibilidade e da confraternização".[9]

O século XIX, tratado em *Sobrados e mucambos*, recobre essa unidade perversa, polimorfa e anarco-despótica do Brasil colonial com novas camadas e vernizes de europeização civilizante. Nela, há lugar para a ascensão de mulatos destacados do magma colonial e assimilados, ainda que ambiguamente, a um modo de vida ocidental modernizante (é onde se inclui, e o que a explica nesse nível sociológico, a figura de Machado de Assis como tipo — o do mulato europeizado sobre cuja condição mestiça paira silêncio). Trata-se aí da invenção de um superego social que a elite inculca a si mesma, de uma hipoteticamente nova função paterna capaz de colocar limites aos impulsos desordenantes do patriarcalismo tradicional, investida, no entanto, de um projeto de codificação civilizatória que se vê obrigado a jogar para baixo de um tapete curto demais o substrato colonial rebelde à desaparição, com o correspondente efeito teatral e algo postiço desse esforço.

9 Ricardo Benzaquen de Araújo, op. cit., p. 54.

É assim que a europeização dos sobrados, distanciados por sua vez dos mucambos, engata na contramarcha do projeto histórico-ideológico de Gilberto Freyre: no país agora independente, os polos promíscuos de *Casa-grande & senzala* se afastam um do outro, perdendo o seu vigor ambivalente e ameaçando cindir aquele fundamento simbiótico e inconsciente que seria, para o ensaísta, o único cimento, ainda que movediço, capaz de constituir uma unidade nacional. A essa linha divergente — civilizadora e europeizante — Gilberto Freyre contrapõe, então, a emergência quase milagrosa, como um *deus ex machina* que viesse do Hades, e não do alto, o povo mulato.[10] Uma inacabada teoria da mulatice sugere afinal o mestiço, racial e cultural, como o intérprete por excelência da "reciprocidade de culturas" que forma a sociabilidade brasileira. Esta vigora insistentemente, pode-se dizer, num substrato carnavalizante que a Reforma e a Contrarreforma recalcaram na Europa desde o século XVII. A mistura de sagrado e profano, de cristianismo animista e politeísmo, de religião, festa e jogo, inscritos no fundo colonial, ganha vida renovada na população mestiça sob a escravidão abolida.

O saldo étnico da "sociedade agrária, escravocrata e híbrida", em sua tardia transição para o moderno,

10 Idem, ibidem, p. 151.

forma a base da operação implícita por meio da qual a obra de Gilberto Freyre realiza o seu desígnio originário inconfessado: algo como a passagem do *vira-lata* ao *vira-ser*. Trata-se de apostar na transmutação do povo mestiço desqualificado pelo determinismo científico novecentista, de convertê-lo teoricamente a seu próprio potencial, de transformá-lo paradoxalmente no que ele é, de potencializar o *fármacon* e extrair dos venenos da colonização escravista o remédio da civilização original nos trópicos. Essa reversão estava configurada no modernismo da década de 1920: nos termos de Oswald de Andrade, corresponde a devorar a dimensão assustadora do outro, "transformar o tabu em totem", virar o recalque de ponta-cabeça e converter os próprios entraves traumáticos da formação brasileira em fermento libertador.

Em Gilberto Freyre, essa passagem pôde ser anunciada e assistida no advento do futebol brasileiro. O seu crivo lhe permite falar no adoçamento curvilíneo (e quase elíptico) do anguloso futebol anglo-saxão quando jogado no Brasil, porque pressupõe, diferentemente daquele de Caio Prado Júnior, um tropismo positivo guiado pela força hibridizante da mestiçagem e um potencial recalcado que vem à tona como capaz de revirar no seu contrário. Gilberto Freyre idealizou ilusoriamente a passagem, no prefácio a *O negro no futebol brasileiro*, de Mário Filho: pensou a sublimação estetizada da ameaçadora violência social brasileira, realizada pelo futebol e pela música popular, como uma panaceia político-social capaz de harmonizar o país e o perigo de um povo indomado.

Contudo, sejam quais forem os limites de sua cristalização ideológica, especialmente *a posteriori*, os livros de Gilberto Freyre da década de 1930 produziram o impacto da instauração de um paradigma apoiado na autorização para *saltar ao polo oposto* e ver os estigmas da colonização brasileira *pelo seu próprio avesso*. A violência mestiçante de fundo, uma vez desvelada — e cujo nome, se dito, seria um aterrador *estupro amoroso* —, investe-se de um poder catártico eredentor: um trauma ou um *carma* histórico do qual terá derivado, paradoxalmente, uma humanidade aberta às diferenças. Com alguma liberdade associativa, mas nem tanta, vemos na instauração desse crivo a precondição para que outros intérpretes, tomados de certo furor profético e com uma visão social mais crítica do que a de Gilberto Freyre, tenham postulado e vislumbrado um potencial libertário e redentor nessa conjuração de horror e maravilha que é o Brasil. É o caso de Darcy Ribeiro, ao definir a formação brasileira como a "máquina de moer gente", que, ainda assim, é capaz de produzir a promessa do povo moreno original; de Zé Celso Martinez Corrêa, indo da corrosão paródica à epifania dionisíaca com a união íntima de tragédia e carnaval; da Tropicália, posta entre o "otimismo trágico" e o "pessimismo alegre" graças aos quais Caetano Veloso pôde cantar os "Milagres do povo" ("Quem descobriu o Brasil/ Foi o negro que viu/ A crueldade bem de frente e ainda produziu milagres /De fé no extremo Ocidente").[11]

Nesse caso, a disposição sadomasoquista do patriarcalismo colonial brasileiro, com sua violência constitutiva lubrificada pelas trocas culturais, como formuladas por Gilberto Freyre, é objeto de uma reversão antropofágica: a antropofagia, vista assim, não deixa de ser um sadomasoquismo redentor de outra natureza, com o sinal trocado, em que a violência social é projetada na criação artística, absorvida e resgatada pelo sacrifício do reconhecimento ao outro. O Brasil é uma espécie de lugar do sem lugar *que é o lugar*. Pasolini, de passagem pelo país em 1971, ressoa instintiva e imediatamente essa mesma disposição, ao tomar para si a "desgraçada pátria devotada sem escolha à felicidade".[12] No Brasil, a desgraça incontornável

11 Ver Caetano Veloso, *Letra só*, Cia das Letras, 2003, pp. 42-73.
12 Do poema "Hierarquia", baseado numa passagem curta e incógnita pelo Brasil, em 1971,publicado no mesmo ano no livro de poemas *Trasumanar e organizzar*.

da herança histórica teria o dom, quase inconcebível em sociedades cristalizadas e dicotômicas, de forçar o rumo na direção da invenção utópica pela festa e pelo jogo, tornados realidade (lembremos, nesse mesmo ponto, de Vilém Flusser identificando, na sua *Fenomenologia do brasileiro*, uma saída inusual da condição alienada através da alienação da alienação).[13]

Vemos, então, que os dois paradigmas não se soldam, mas também não se soltam, simetricamente unidos pelo ponto cego que converge neles. Se o de Caio Prado Júnior põe ênfase na *empresa* colonial conjugada a uma sociedade amorfa, e o de Gilberto Freyre numa família patriarcal como usina de contatos híbridos, o vértice oculto para o qual apontam ambos, na sua intrigante conjugação antitética, seria a imbricação do público e do privado, a mistura do interesse particular com a vida das instituições, a confusão característica entre a *política* e a *economia*, a personalização e a privatização das instâncias representativas da coletividade. E é isso, sintomaticamente, que salta à vista em *Raízes do Brasil* de Sérgio Buarque de Holanda: a permeabilidade, para o bem e para o mal, entre o público e o privado no mundo cordial personalista, a mesma permeabilidade que

13 Cf. supra, pp. 175-6.

faz fervilhar de apelidos e diminutivos característicos o panteão de jogadores do futebol brasileiro, em contraste cabal com as escalações de todo o resto do mundo ocidental, simbolizados por "sobrenomes". A mesma permeabilidade que é inseparável, certamente, do estilo singular de jogo que grassou no Brasil.

Já comentamos que essa disposição ambivalente e mal servida de limites produziu ao mesmo tempo a informalidade e a impunidade, o carnaval e o favorecimento ilícito, o estilo versátil e a irresponsabilidade, a afabilidade e a truculência, a invenção original e a ignorância básica, a mistura e o imobilismo. No caso específico do futebol: uma reserva coletiva inesgotável de futebol criativo nas mãos de dirigentes que a dilapidam em benefício próprio; uma cultura notável pelo seu alcance inventivo, que germina na incultura; um gigantesco deslocamento das energias produtivas para a esfera lúdica, que só retorna sobre as outras áreas da vida como produção de ilusão fugaz, deixando os problemas intocados.

Como se colocava nos anos 1930, a linha ambivalente de interpretação voltada para o diagnóstico do dilema nacional, representada por *Raízes do Brasil*, privilegiava a contradição entre a originalidade brasileira e a sua problemática inserção na modernização. É o que podemos reconhecer, por exemplo, na síntese, feita por Fernando Novais, do livro de Sérgio Buarque: *se o Brasil permanece Brasil não se moderniza, se se moderniza deixa de ser Brasil.*[14] Note-se que a primeira parte do enunciado repõe o crivo de Caio Prado Júnior, e a segunda o de Gilberto Freyre, como se nessa ambivalência se fundissem, num espasmo, os dois. É exatamente esse, também, o cerne agônico do *Macunaíma*, cujo herói é irresponsável, mentiroso, casuísta, inconsequente, incapaz de sustentar projeto, ao mesmo tempo em que é plástico, versátil, adaptativo, inteligente, criativo e tragicamente único (é preciso não baratear a complexidade desse paradoxo no livro de Mário de Andrade).

Uma vasta expressão da produção cultural brasileira entre os anos 1920 e os anos 1960 tenta enfrentar e mergulhar nesse dilema, submetendo-o a operações simbólicas ou, por assim dizer, alquímicas, em que o popular toma parte fundamental — seja o profetismo terceiro-mundista de Glauber, a escritura transcendental do sertão de Guimarães Rosa ou a iluminação dos paradoxos obscuros e recalcados do Brasil pela Tropicália. Mas o grosso do processo do país foi se modernizando sem assimilar

---

14 Fernando Novais, "De volta ao homem cordial", em Milton Meira do Nascimento (org.), *Jornal de Resenhas, vol. 1*, São Paulo: Discurso Editorial, 2001, pp. 45-6.

o alcance transformador, espiritual e político dessas propostas e provocações culturais, as contradições que elas traziam à tona, sem atar nem desatar o nó e o imbróglio da ambivalência brasileira. Ao contrário, o país foi, de certo modo, *se modernizando sem deixar de ser Brasil e sendo Brasil sem se modernizar*, isto é, entrando de maneira arrevesada numa modernidade compulsória que nem a realiza e nem o realiza: o país "condenado ao moderno", no dizer de Mário Pedrosa, e sem tradição que não seja a da sua invenção, sem passado que não seja o seu futuro, girando em falso na modernidade nunca atingida — que não põe em vigor, para dizer o mínimo, as exigências da cidadania, a desconcentração da renda, a educação de alcance geral —, e que dá sinais de decomposição localizados e múltiplos. Em suma, não sabendo converter sua inserção heterodoxa na modernização e na globalização numa crítica de ponta da modernização e da globalização.

O custo dessa operação perdida é alto para uma vida pública marcada, com a mercantilização universal e a saturação das mídias, pelo aumento do fosso social, existencial e cultural entre classes, pelo rebaixamento da vida letrada, pela superficialização e pelo embrutecimento dos debates. Já que fazer a crítica da insuficiência brasileira tornou-se senso comum, ocorre um efeito vicioso e rebarbativo em que a crítica do mesmo é o mesmo, o que não altera o vaivém entre deslumbramento e corrosão. O espaço público tornou-se, com isso, uma espécie de Fla-Flu deslocado, sem beleza, sem perspectiva e sem regras.

A extraordinária complexificação do país e do mundo adensa, embaralha e emaranha linhas que foram mais claras, embora contraditórias e contrárias entre si, aos olhos dos intérpretes do Brasil na década de 1930. Sobre esse imponente *coro dos contrários* basta notar, por exemplo, que, enquanto a primeira página de *Raízes do Brasil* diz que "somos ainda hoje uns desterrados em nossa terra", a de *Casa-grande & senzala* diz enfaticamente que o Brasil é a "prova definitiva" da aptidão da colonização portuguesa para a vida tropical, e a de *Formação do Brasil contemporâneo* diz que "o Brasil não é senão um episódio, um pequeno detalhe" no "quadro imenso" da mundialização dos mercados como empreitada da Europa sobre a América, a África e a Ásia. Conseguimos a proeza de ser, portanto, a um só tempo aptos e adaptados, atados e atrasados, e desencontrados de nós mesmos. Mas é justamente, a meu ver, o desvelamento dessas linhas cruzadas que esses intérpretes traçaram, unificando o campo do seu pensamento, que os atualiza perante o conturbado quadro novo que se coloca.

Pois um Brasil em movimento irresolvido, maior do que eles, se pergunta e se diz através deles.

Entre as mudanças culturais cruciais das últimas décadas está o fato de que a marginalidade escancarada pelo crime organizado, que remanejou drasticamente o imaginário da favela na vida brasileira, ganhou dimensão nacional e elaboração cultural correspondente na literatura, no cinema, no rap, no funk. (A comemorar um gol, jogadores de futebol estão visivelmente longe da cultura religiosa que acompanhou o jogo na forma "malandra" dos trabalhos de macumba: ora apontam o céu, gesto que Kaká mundializou, numa alusão ao divino, de base evangélica, ora apontam e acionam uma metralhadora imaginária.) Ao roubar a cena da "dialética da malandragem" que enformou a imagem do Brasil na primeira metade do século por meio do samba e do futebol, a *dialética dura da marginalidade*, sem síntese, sem folga e, afinal, sem dialética, marca a atmosfera geral do país com a lembrança surda e recalcada de um custo social não redimido. Ela não elimina, no entanto, certa confusão peculiar e resistente entre ordem e desordem, tampouco uma dinâmica cultural mais fluida, que é o seu avesso. Instaura-se assim uma certa zona indecidível entre a dureza e a moleza, entre o corte drástico da violência e a indefinição renitente, que desafia qualquer formulação política, artística ou teórica.

Ao lado disso, a crítica da ideia de mestiçagem como traço singular da existência brasileira e como categoria operante para o entendimento do Brasil, levada a efeito por uma militância racialista de inspiração norte-americana, com presença significativa na universidade, pretende converter os termos complexos do problema à oposição inequívoca entre branco e negro.[15] Embora apareça também como um sintoma real — a revanche contra séculos de escravidão e indefinição —, essa corrente, calcada num padrão norte-americano, tenta o impossível: desmitificar a história da experiência brasileira à luz de uma ontologia racial dualista que essa mesma experiência desmente e problematiza. A droga-Brasil é irredutível a uma lógica simplista. As potencialidades surpreendentes e transformadoras do país, mesmo que utópicas ou frustradas, se revelaram sempre, em dimensão cultural, quando se suspenderam num mesmo lance barreiras sociais e mentais e quando veio à tona — na literatura, na música, no futebol e em outros campos — a combinação inusitada de que ele é feito.

15 Uma crítica englobante a essa visão é desenvolvida por Antonio Risério em *A utopia brasileira e os movimentos negros*. São Paulo: Editora 34, 2007.

Peço ainda a paciência do leitor para mais uma visita ao tema do destino da *malandragem* no Brasil, com algumas de suas implicações atuais. Como se sabe, Antonio Candido identificou em 1971, através do romance *Memórias de um sargento de milícias* (1853), de Manuel Antônio de Almeida, o processo da "dialética da malandragem" como o mecanismo de oscilação entre a ordem e a desordem que caracteriza a sociabilidade brasileira, com a sua característica labilidade entre os opostos e a sua facilidade para juntar elementos supostamente incompatíveis. No romance, cuja ação se passa no fim do período colonial, durante o interregno brasileiro de d. João VI, um "rancho de baianas", por exemplo, dança numa procissão católica como se fosse já a ala de uma futura escola de samba; o contraventor festeiro sai da prisão investido já como sargento de milícias; o protossambista faz a caricatura da autoridade sem deixar-se pegar e o representante da lei está afinal vestido de uniforme militar da cintura para cima e de "sambista" da cintura para baixo. Essa oscilação entre hemisférios distintos, mas porosos e promíscuos, podia ser vista como uma interpenetração do *cabedal* com o *carnaval*, da ordem produtiva com a improdutiva, da lei com a contravenção, flagrada naquela camada popular de homens livres não proprietários que, à margem da escravidão, viviam a sua condição parasitária e indolente num animado moto-perpétuo de rixas e festas. Focalizado num segmento intervalar da sociedade escravista, o dos homens livres na ordem escravocrata — o barbeiro, o sacristão, o cigano, a comadre, o meirinho, a Maria-Regalada, a gente de ocupação indefinida às voltas com súcias e patuscadas, todos envolvidos em famílias informais e transitórias —, esse regime "malandro" teve o poder de se irradiar pelo conjunto social num processo cujo caráter contagiante desafia a interpretação. Como disse Paulo Arantes, "o mais surpreendente é que esta arraia miúda, beirando a anomia", esse conjunto de desocupados na fronteira e à margem das classes decisivas para a produção, fornecesse o "tom ideológico para o conjunto da sociedade", instaurando uma labilidade entre opostos, uma interpenetração festiva da qual participarão, a seu modo, os descendentes de escravos e os "detentores do mando social".[16] Que o modo de vida de uma classe economicamente não decisiva se transforme em "tom ideológico" generalizado, ou, mais que isso, em modos de relação irradiados por todo o conjunto social, não é, certamente, uma passagem fácil de ser explicada.

16 Paulo Eduardo Arantes, "A fratura brasileira do mundo: visões do laboratório brasileiro da mundialização". In *Zero à esquerda*. São Paulo: Conrad, 2004, p. 62.

Tal permeabilidade é surpreendente, eu diria, justamente porque relativiza a categoria *classe social* como capaz de dar conta da dinâmica aí envolvida, vazando contagiosamente fronteiras estruturais. Na colônia, o vínculo econômico com a história mundial e a produção para um mercado distante, aparentemente irreal, se expõe à presença concreta das culturas rituais ou semirrituais, festivas, hibridizadas, "a-históricas" e já marcadas, na base, pelo senso carnavalizante de seu efeito diferido em relação aos modelos colonizadores, aos quais se misturam. Um saldo paródico é quase inerente a esses encontros cotidianos de diferenças, como se vê em tantas cenas e quadros do romance de Manuel Antônio de Almeida e na própria figura de um rei ausente ("Era no tempo do Rei") que ri das trapalhadas de seus meirinhos — representantes da lei que, na primeira página do livro, pedem propina para relaxar seus mandados. Que uma Corte fugida e desembarcada intempestivamente no Rio de Janeiro possa soar como um cortejo carnavalesco, e que o rei, d. João VI, ganhe um indisfarçado aspecto momesco em consonância com o universo ambivalente sobre o qual paira, são motivos quase obrigatórios da cena colonial tardia, cujo substrato *Memórias de um sargento de milícias* flagrou de modo único. Esse mundo tem largo alcance numa história cultural popular brasileira subjacente ao desenvolvimento do samba, e vai desembocar por outro lado nos escritos de João Saldanha sobre Garrincha. De maneira desidealizada e sem maiores moralismos, essa cultura goza do privilégio de não levar as mascaradas do poder demasiado à risca e de manter uma considerável margem de folga perante apelos produtivistas estritos.

Foi exatamente isso que Antonio Candido viu no livro, de cuja análise extraiu, na parte final de seu ensaio, uma interpretação de surpreendente acento positivo: sua atmosfera produziria um encantador "mundo sem culpa" de ânimo democrático e tolerante, avesso a estigmatizações e caças a bruxas. Compara o caráter excludente de sociedades puritanas, como a norte-americana monorracial e monorreligiosa (onde a forte introjeção da lei endureceria o indivíduo e o grupo, conferindo certa identidade e resistência, mas desumanizando as relações), com o caráter potencialmente dialógico e aberto da sociabilidade espontânea no Brasil (onde o abrandamento dos choques entre a norma e a conduta desafogaria os conflitos de consciência permitindo maior aceitação do outro). Assim, naquele momento de ditadura em que foi escrito o texto, a "dialética da malandragem" (e o decorrente "mundo sem culpa" ao qual está associada) aparece a Antonio Candido como vantagem sobre a ética protestante e o espírito do capitalismo e como um "trunfo para a hipótese de nos integrarmos num mundo mais aberto" (conforme a resenhou Roberto Schwarz). Inspirado pela leitura das *Memórias de um sargento de milícias*, Antonio Candido opta, pois, pela tônica afirmativa da ambivalência sérgio-buarquiana e introduz no paradigma uspiano um inusual elogio das peculiaridades brasileiras natas.

Ao fazer o balanço positivo do método crítico exemplar do mestre, em "Pressuposto, salvo engano, de 'Dialética da malandragem'", Roberto Schwarz introduz, não obstante, a contrapelo, o "comentário impiedoso da atualidade" e critica a positividade da interpretação final.[17] Rebatendo dialeticamente "o encantamento em que se move a parte final do ensaio" de Antonio Candido, ressalta a necessidade de pensar os processos socioculturais, norte-americano e brasileiro, no quadro da "extraordinária unificação do mundo contemporâneo, sob a égide do capital". Diante deste, conforme Schwarz, as mônadas socioculturais imaginárias das nações já não fariam sentido, assim como o valor explicativo do entrelaçamento histórico e a-his-

17 Roberto Schwarz, "Pressupostos, salvo engano, de 'Dialética da malandragem'". In *Que horas são?* São Paulo: Companhia das Letras, 1989, pp. 129-55.

tórico, no Brasil, de ordem e desordem, de cabedal e carnaval, muito menos de Europa e África. Em vez disso, "o chão prioritário de tudo" é a história socioeconômica, que deve ser capaz de incluir e interpretar "inclusive o que lhe pretenda escapar". Podemos dizer que, nesse momento, Roberto Schwarz está reconstituindo o *paradigma Caio Prado Júnior*, para o qual o que vale é o sentido geral da formação brasileira na história mundial do capital, perante o qual o elogio do "mundo sem culpa" da especificidade brasileira terá sido um devaneio do mais alto nível, a ser, no entanto, identificado e corrigido como tal.

Ao fechar o argumento, Schwarz acrescenta, a propósito, um aspecto menos geral mas, me parece, no ponto: a repressão desencadeada pela ditadura militar, "com seus interesses clandestinos em faixa própria, sem definição de responsabilidades, e sempre a bem daquela mesma modernização", participaria também, de forma perversa, nada encantatória, democrática e potencialmente progressista, da atmosfera de "mundo sem culpa" que caracterizaria a "dialética da malandragem". A esse exemplo, próprio de um estado de exceção, poderíamos, concordando com a objeção, acrescentar outros, mais cotidianos, resistentes e típicos, que participam da fenomenologia do "mundo sem culpa" como um sorvedouro para o abismo: violência parapolicial, tráfico de influências, impunidade pelo alto, apropriação particular da coisa pública quase como praxe da vida política (e tal como veio à cena, de maneira indefinida entre a saúde ou a doença nacional, nas duas últimas décadas). Assim também, enquanto a intolerância e o racismo explícito nos Estados Unidos se fazem acompanhar em alguns momentos de clara afirmação de direitos individuais politicamente corretos, no Brasil a flexibilidade e a tolerância convivem com a anomia e a dificuldade, quando não a ostensiva resistência, a formulá-los e afirmá-los (o que situa, por sua vez, a razão de ser, junto com a sua artificialidade, do argumento racialista no Brasil).

Se formos fundo na própria formulação textual de Antonio Candido, porém, vemos que ela mesma é mais complexa do que a sua conclusão explícita e vai mais além de uma caracterização dual do positivo e do negativo. Ao definir a sociabilidade brasileira a partir da análise do romance, Candido apresenta-a como uma "vasta acomodação que dissolve os extremos, tira o significado da lei e da ordem, manifesta a penetração recíproca dos grupos, das ideias, das atitudes mais díspares, criando uma espécie de *terra de ninguém moral onde a transgressão é apenas um matiz na gama que vai da norma ao crime*" (o grifo é meu).[18] Ou seja, essa realidade movediça, na qual se reconhece o Brasil, é um largo gradiente sem lastro fixo que comporta, como aspectos do mesmo processo, a malandragem carnavalizante e a marginalidade terrífica confundida com a ordem.[19] Sem fechar-se numa definição de tipo essencialista, o núcleo dialético do argumento de Antonio Candido identificava assim, na sociabilidade brasileira, um campo pouco favorável ao enraizamento da personalidade autoritária, ao preço de deslizar numa pista em que a norma e o crime se comunicam virtualmente através de um sem-número de expedientes intermediários. Digamos que a efetuação cabal desse arco fluido, em toda a sua extensão e em sua polarização cruzada, marca hoje o país e, de maneira emblemática, a cidade do Rio de Janeiro, levando a "dialética da malandragem", que é também a da marginalidade, à mais plena realização da sua irrealização (sem carregar no paradoxo, mas acentuando o fato como expressão da não realização social de suas potencialidades positivas).[20] Por

18 Antonio Candido, op. cit., p. 51.
19 Como Gilberto Freyre temia, aliás, no seu prefácio ao livro de Mário Filho — no caso de que o futebol e a música popular não cumprissem suficientemente o seu papel sublimador e harmonizador.
20 Um exemplo cancional do sentimento de ambivalência em relação ao Rio de Janeiro: Chico Buarque faz em "Subúrbio", do CD *Carioca* (2006), o lamento do Rio como cidade partida, e em "Carioca", do disco *As cidades* (1998), o elogio do Rio como cidade fusional.

outro lado, vale lembrar que foi exatamente por esse mundo vivo e aberto ao contato real entre os opostos mais sublimes e terríveis que Pasolini se apaixonou, em sua passagem pelo Rio, à mesma época da publicação de "Dialética da malandragem" (mundo que ele contrapunha ao aburguesamento e à fascistização que via na juventude italiana). Essa posição ressoa ainda, pode-se dizer, na afirmação recente de Jorge Mautner: "ou o mundo se brasilifica, ou vira nazista".

Paulo Arantes retomou, no já citado "A fratura brasileira do mundo: Visões do laboratório brasileiro da mundialização",[21] o mote do "mundo sem culpa". Empenhado em liquidar qualquer ilusão acerca da sociabilidade plástica e versátil brasileira enquanto um trunfo no cenário nacional ou mundial, toma como referência derrisória o conceito de *brazilianization* — categoria sociológica criada por Michael Lind para nomear o processo pelo qual avança nos Estados Unidos a fratura social, a cristalização em castas que separa os brancos ricos no topo, emparedados em condomínios fechados e destituídos de quaisquer obrigações cívicas, os negros e mulatos na base, abandonados à sua sorte, e uma "aflita maioria" espremida

---

21 Em Paulo Eduardo Arantes, op. cit., pp. 25-77.

e sem esperanças.[22] Completa o quadro uma guerra de classes horizontalizada, em que "o ressentimento provocado pelo declínio econômico" se expressa "muito mais na hostilidade entre grupos na base do que numa rebelião contra os do topo",[23] acompanhada ainda de um aumento significativo na proporção dos encarceramentos. A emergência desses aspectos "brasileiros" na desordem-em-progresso norte-americana, reconhecíveis também em países europeus de ponta, nomeadamente a França, poriam o Brasil, segundo Arantes, na posição exultantemente vexaminosa de constituir-se na "vanguarda do pior": o "país do futuro" realizaria por antecipação a fratura social em andamento nos Estados Unidos e na Europa, sem nunca ter chegado a cumprir minimamente a "agenda" moderna. Arantes anuncia, assim, sem disfarçar certo júbilo hipercrítico, que o futuro do mundo é o Brasil e que o *Brasil é o fim do mundo,* nos vários sentidos da palavra *fim* — destino, consumação, fracasso. Despreza as leituras positivas do modo brasileiro no quadro contemporâneo e dá o processo por arrematado: reduz em massa a singularidade brasileira à sintomatologia do "cronicamente

22 Em Michael Lind, *The next American nation.* Nova York: The Free Press, 1995.
23 Paulo Eduardo Arantes, op. cit., p. 31.

inviável" (tomando o filme de Sérgio Bianchi como referência).

Sempre se pode dizer que há todas as razões para o pessimismo, menos uma, ou meia: que *o jogo só acaba quando termina*, como se diz na gíria futebolística, e que ninguém está em posição de dominar todas as suas variáveis. Além disso, a cultura dá sobre os estados das coisas testemunhos às vezes mais interrogantes e inacabados e, por isso mesmo, mais afirmativos do seu estado de acontecimento. Voltando ao nosso assunto central: o quadro traçado indica o lugar único que o futebol acabou por ocupar no mundo contemporâneo. É um lugar amplamente exposto à violência entre iguais, à guerra horizontal de classes, ao dilaceramento social e à anomia, que encontram nele um ponto de descarga. Exposto igualmente a todas as manobras da publicidade capitalista, é ainda assim o lugar onde se encontra algo que "falta ao cotidiano capitalista", como disse Terry Eagleton considerando o futebol inglês, ou algo que não se encontra facilmente no mundo: um código simbólico reconhecível, capaz de expressar e atravessar as diferenças culturais, a postulação e a superação da concorrência na forma de um jogo-rito, a *quadratura do circo*, mesmo no limite da sua inviabilização.

Quando as figuras de Pelé, Garrincha, Ronaldo e Ronaldo Gaúcho, representantes da lenda do futebol brasileiro, provindos de um pais que sempre equacionou mal as suas dificuldades e potências, são legíveis com nitidez nos mais remotos confins do planeta como uma *promessa de felicidade* que se cumpre, pensamos no "Emplasto Brás Cubas" de Machado de Assis: a pretendida panaceia que deveria curar a humanidade, mas que em vez disso causa ridiculamente a morte do seu inventor, antes mesmo que ele chegue a inventá-la. Não é difícil ler nesse episódio uma alusão irônica e corrosiva ao Brasil. Mas se o famoso drible em xis, de Pelé, sobre o goleiro do Uruguai, na Copa de 1970, nos remete ao xis da ideia fixa de Brás Cubas ("pendurou-se-me uma ideia no cérebro. [...] Deu um grande salto, estendeu os braços e as pernas, até tomar a forma de um X: decifra-me ou devoro-te"), ele realiza, em outra chave, junto com os dribles e cabriolas de Garrincha, a quintessência do emplasto: o *alívio da nossa melancólica humanidade* ("essa ideia era nada menos que a invenção de um medicamento sublime, um emplasto anti-hipocondríaco, destinado a aliviar a nossa melancólica humanidade"). (Que o diga o diretor da biblioteca de Bagdá, ao reconhecer o valor inestimável da atuação do técnico brasileiro que levou o time iraquiano, em território conflagrado, a conquistar em 2007 a Copa da Ásia unindo excepcionalmente sunitas, xiitas e curdos).

Para além do bem e do mal, o futebol brasileiro insiste, desafiadora e ironicamente, como *o emplasto Brás Cubas que deu certo*. Quando os sinais legíveis do Brasil são interpretados no mundo como levemente inconsequentes no seu chamado ao prazer, ao mesmo tempo em que o país, regido pelos *frívolos* e os *graves* — "as duas colunas máximas da opinião" —, se torna superficial e pesado, ele testemunha ainda, ou testemunhou, junto com a música popular, e não descolado da literatura, uma das mais originais propostas do nosso esboço de civilização: a respiração fora do produtivismo sem trégua, a capacidade de comunicação entre lógicas múltiplas, e a leveza profunda.

CADERNOS ULTRAMARES

* 9 7 8 6 5 8 6 9 6 2 4 3 7 *